Valeria Blasi

livello **A2/B1**
1500/2000 parole

STORIE
italiane
gli eventi che hanno fatto la storia d'Italia

STORIE
Italiano Facile

audio
online

INDICE

direzione editoriale: Massimo Naddeo
redazione: Marco Dominici, Carlo Guastalla
progetto grafico e copertina: Lucia Cesarone
impaginazione: Sinem Samuray
illustrazioni: Giampiero Wallnofer

© 2020 ALMA Edizioni
Printed in Italy
ISBN 978-88-6182-626-7
prima edizione: 2020

ALMA Edizioni
viale dei Cadorna 44
50129 Firenze
alma@almaedizioni.it
www.almaedizioni.it

L'idea di questa raccolta di brevi racconti nasce dalla necessità, per chi insegna e per chi studia la lingua italiana, di affrontare anche la storia e i personaggi più importanti della cultura italiana. Per fare questo, si prospettavano due soluzioni: la prima era realizzare un libro di tipo convenzionale con date, capitoli in successione e paragrafi sicuramente interessanti, ma probabilmente impersonali; la seconda era creare, sulla scia del successo della serie "Storie", una raccolta di racconti brevi ambientati in periodi storici particolarmente importanti per gli italiani. ALMA Edizioni, che preferisce sempre tentare strade nuove o comunque meno convenzionali, ha deciso per questa seconda opzione. Il risultato sono questi otto racconti di fantasia i cui protagonisti si muovono in un contesto molto fedele alla realtà storica.

Per quanto riguarda la scelta dei periodi storici, si è optato per quelli che hanno lasciato un'impronta profonda nella cultura e nella società italiana: il Rinascimento per quanto riguarda l'arte; il Risorgimento perché è l'inizio della storia dell'Italia come paese unito, il Fascismo perché è una pagina indelebile nella storia del nostro Paese e di conseguenza la Resistenza, che ha posto le basi dell'odierna costituzione italiana; inoltre, la seconda metà del Novecento è affrontata attraverso il periodo degli Anni Sessanta, in cui si è assistito al massimo sviluppo economico italiano, e infine attraverso due fenomeni drammatici della vita sociale e politica: il terrorismo degli anni Settanta e le stragi mafiose negli anni Novanta.

Il libro si articola in **tre sezioni**: la prima costituita dalla **storia** vera e propria, il cui testo è accompagnato da un apparato di **note** che si distinguono per colore:

talento: capacità, abilità nel fare qualcosa.

- note azzurre: sono quelle più strettamente lessicali e spiegano il significato di un termine; a volte la nota è illustrata, per maggiore chiarezza o quando un termine è difficile da descrivere a parole, soprattutto se ci si rivolge a studenti di livello elementare, come nel nostro caso.

PENNELLI

Lorenzo de' Medici
Lorenzo "il Magnifico" è stato principe di Firenze dal 1469 al 1492.

- note arancioni: sono note di tipo storico-culturale e spesso rimandano a un approfondimento nella sezione dedicata agli esercizi e ai box culturali. Le note riguardano personaggi, nomi di luoghi o date che hanno segnato in modo particolare le sorti del periodo in cui è ambientato il racconto.

Completa la storia un'illustrazione originale creata appositamente per il libro: l'immagine è utile anche dal punto di vista didattico come input per stimolare lo studente alla produzione orale (descrizione dell'immagine, riassunto del racconto a partire da essa, ecc.).

La **seconda sezione** è quella dedicata agli **esercizi** e agli **approfondimenti culturali**: gli esercizi riguardano la comprensione, il lessico e le strutture grammaticali più importanti presenti nel racconto; gli approfondimenti culturali sono testi o tabelle che aiutano lo studente a comprendere meglio il contesto politico, sociale e culturale in cui si muovono i personaggi dei racconti. Ogni testo presente è sempre un testo *attivo*, cioè richiede di essere completato o, viceversa, fornisce gli elementi indispensabili per il completamento di un'attività o una tabella che lo accompagna.

Infine, è presente una la **terza sezione**, la più ludica: a ogni racconto sono associate **6 carte** (cinque immagini e un brano estratto dal racconto). La sezione inizia con le descrizioni dei giochi che è possibile fare e le istruzioni su come farli svolgere. Sono presenti sia giochi molto noti, come *memory* o domino, sia giochi specificamente pensati per favorire l'apprendimento della lingua italiana: gli studenti infatti sono chiamati a parlare, descrivere, ricostruire relazioni tra i testi e gli elementi presenti nelle carte, così come crearne di nuove, quando possibile.

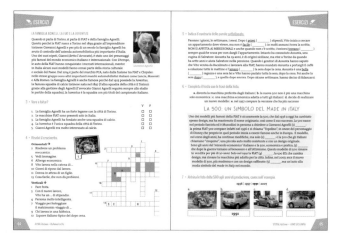

Il presente libro, quindi, si propone di affrontare un argomento spesso piuttosto impegnativo come la storia italiana attraverso due modalità molto utilizzate e apprezzate nella didattica delle lingue contemporanea: il cosiddetto *storytelling* e l'approccio ludico, i quali da una parte favoriscono un maggiore coinvolgimento dello studente e dall'altra permettono un'immersione non solo nella lingua, ma anche negli aspetti più strettamente culturali e sociali che entrano a far parte dell'intreccio della storia e costituiscono anche gli elementi portanti del gioco da svolgere.

Soffitto
della Camera degli sposi,
opera di Andrea Mantegna.
Castello di San Giorgio
a Mantova.

RINASCIMENTO

traccia 1

Il Rinascimento è stato uno dei periodi più importanti nella storia dell'arte non solo italiana, ma di tutto il mondo: in questo periodo vivono e creano i loro capolavori *Michelangelo, Leonardo, Botticelli e molti altri pittori, ma anche architetti, scrittori, poeti. I centri della cultura del Rinascimento italiano non sono solo città famose come Firenze, Roma o Milano, ma anche piccole città che proprio nel Rinascimento vivono il loro momento più importante, grazie all'amore per la cultura di tanti uomini di potere. Ricordiamo, tra queste città, Mantova, Ferrara e Urbino.*

NOTE

capolavori: opere
d'arte molto belle e di
grande valore.

Mantova, 1476.

Guido Salimbeni è un grande pittore. O così lui dice.

– Sono il più grande pittore di Mantova! – dice, ma tutti sanno che in quel periodo il più grande artista in città è Andrea Mantegna, che da più di dieci anni lavora per il Duca Ludovico III.

Ma Guido Salimbeni non è d'accordo.

– Mantegna è bravo, sì. – dice – Ma lavora per il duca solo perché lui è veneto e qui preferiscono gli stranieri a chi è nato a Mantova, come me!
– Allora vai a Milano! – gli dicono gli amici – Se dici che i nobili preferiscono gli stranieri, parti anche tu! Tutti dicono che a Milano la famiglia Sforza ama le arti!
– Partire? – dice Guido. – Mai! Mantova è la mia città e presto capiranno il mio talento!

In realtà Guido è un bravo pittore. Ma lui non vuole essere semplicemente bravo: vuole essere il migliore. E a Mantova in quel periodo il migliore è sicuramente Mantegna.
Nel 1478, il duca di Mantova muore e il figlio Federico non ama l'arte come il padre. Guido Salimbeni decide allora di partire. La sua destinazione è Firenze:

– So che a Firenze c'è un principe che ama molto l'arte e i grandi artisti. – dice Guido ai suoi amici. – Sicuramente lui capirà il mio talento!
– Sì, – dice uno degli amici di Guido – Lorenzo de' Medici. Ma perché non vai a Urbino? È più vicina e lì c'è il duca Federico da Montefeltro che sta costruendo il suo grande palazzo Ducale e ha chiamato grandi artisti come Raffaello e Piero della Francesca.
– Urbino? No, è troppo piccola per il mio grande talento! Firenze è la città giusta per me e Lorenzo de' Medici è il principe giusto! Vedrete, sarò io il suo artista preferito!

Dopo alcuni giorni di viaggio, Guido Salimbeni arriva a Firenze.

NOTE

Andrea Mantegna
Pittore italiano del Quattrocento. Ha lavorato molto a Mantova. Vedi il testo a pagina 12.

Duca Ludovico III
Duca di Mantova dal 1444 al 1478: grazie a lui, Mantova è stata una delle capitali del Rinascimento italiano.

veneto: nato nel Veneto, regione italiana con capoluogo Venezia.

stranieri: nell'Italia del '400, Mantova e Venezia erano in due stati diversi: quindi per Guido chi viene dal Veneto è straniero.

nobili: persone ricche e di origini aristocratiche.

Sforza
Nobile e importante famiglia di Milano nel 1400.

talento: capacità, abilità nel fare qualcosa.

Lorenzo de' Medici
Lorenzo "il Magnifico" è stato principe di Firenze dal 1469 al 1492.

Federico da Montefeltro
Duca di Urbino dal 1474 al 1482. Vedi il testo a pagina 12.

Raffaello
Raffaello Sanzio, artista italiano. Vedi il testo a pagina 12.

Piero della Francesca
Uno dei più importanti artisti del Quattrocento. Vedi il testo a pagina 12.

È il settembre del 1478. Guido trova una locanda non lontano da Ponte Vecchio e mentre beve un bicchiere di vino, chiede al proprietario:

– Conoscete qualcuno che lavora per il principe Lorenzo' de Medici?
– Proprio qui vicino c'è la bottega di Sandro Botticelli. Lui lavora per il principe Lorenzo, ogni giorno va alla villa del principe poco fuori città per lavorare a degli affreschi.

Guido va subito alla bottega. Dentro vede un giovane biondo, con gli occhi chiari, i capelli un po' ricci. Decide di parlargli.

– Buongiorno. Cerco Botticelli. – dice Guido.
– Sono io. – risponde il giovane. – Cosa posso fare per Voi?

In quel momento entra da una porta una modella di Botticelli: è alta, bionda, ha gli occhi chiari. Ha un vestito bianco ed è bellissima. Mentre la ragazza entra nella stanza, l'artista si avvicina a una grande tela e Guido può vedere il lavoro del Maestro: nella tela c'è quella ragazza bellissima in mezzo agli alberi. Guido capisce che Botticelli non ha ancora finito il quadro, ma capisce anche che quel quadro è un capolavoro.

– È... magnifico. – dice.
– Cosa? – dice Botticelli, poi ride. – Ma non sono ancora a metà dell'opera!

"Questo Botticelli è un genio. Io non potrò mai essere come lui." – pensa Guido.

– Posso rimanere qui a guardarvi mentre lavorate? – chiede Guido a Botticelli.
– Certo. – risponde il grande artista – Ma devo prendere i nuovi pennelli. Mi scusate un momento? Isabella, forse il signore vuole da bere! – dice Botticelli alla modella, poi esce dalla stanza.

La ragazza bellissima guarda Guido:

– Volete da bere? Il maestro di solito beve vino rosso.

La ragazza sorride. "Quando sorride è ancora più bella", pensa Guido.

– Allora? – chiede ancora Isabella – Anche voi volete bere del vino rosso?

PENNELLI

SORRIDE
(inf. sorridere)

NOTE

locanda: nome antico per chiamare un ristorante o un piccolo albergo.

Ponte Vecchio
Famoso ponte sul fiume Arno. È uno dei simboli di Firenze.

Conoscete: Guido usa un'antica forma di cortesia (oggi: Lei)

bottega: il nome antico dello studio di un artista.

Sandro Botticelli
Pittore italiano famoso soprattutto per i suoi due grandi capolavori: *La nascita di Venere* e *La primavera*.

tela: qui significa *quadro*.

In quel momento Guido ha un solo sentimento: un'invidia fortissima. Botticelli è un bel giovane, ha un grandissimo talento e, secondo Guido, questa ragazza bellissima è anche la sua amante... Per Guido è troppo: ed è proprio in questo momento che ha l'idea folle di uccidere Botticelli.

– Prendo io il vino! – dice Guido alla ragazza.

Guido vede una caraffa con il vino e prende due bicchieri. Prima, però,

CARAFFA

prende dalla sua borsa una piccola ampolla con un liquido nero: in piccole dosi è una medicina, ma in grande quantità può uccidere. Guido mette nel bicchiere una grande quantità di medicina. Poi versa il vino e prende i due bicchieri.

AMPOLLA

– Grazie, signore. – dice la ragazza. – Al maestro piace molto quel vino. E... anche a me.
– Volete un bicchiere anche voi? Lo prendo subito! – dice Guido e prende la caraffa per riempire un altro bicchiere.

Ma mentre versa il vino nel terzo bicchiere, vede che la ragazza ha preso il bicchiere per Botticelli e lo porta alla bocca.

– No! – grida Guido.

La ragazza si ferma.

– Perché avete gridato? – chiede Isabella.
– Voi... dovete bere da questo bicchiere, non da quello. – dice Guido.
– Perché? Che cosa avete messo nel bicchiere del Maestro? Chi siete, voi?
– Io... no, vi spiego, io...

In quel momento torna Botticelli con i suoi nuovi pennelli.

– Bene bene, signore, – dice a Guido – questi sono i miei nuovi pennelli: li ho comprati a Mantova quando...

Ma l'artista non ha il tempo di dire altro: Guido è già uscito.

– Ma... dov'è andato? Ho detto qualcosa di sbagliato? – chiede Botticelli alla ragazza.

NOTE

invidia: forte desiderio di avere la cosa di un'altra persona.

folle: matta, pazza.

dosi: quantità precise.

medicina: qualcosa che le persone prendono quando sono malate.

si ferma (inf. *fermarsi*): interrompe il movimento.

Guido Salimbeni lascia subito Firenze. In carrozza viaggia con un frate, e decide di raccontargli la sua storia.

CARROZZA

FRATE

– Ho capito che non sono un grande artista, sono solo un uomo mediocre – dice Guido – e per questo ho pensato di uccidere Botticelli. Ma anche con la sua morte, io sarò sempre un mediocre e Lorenzo de' Medici troverà sempre un pittore migliore di me.

Il frate guarda Guido negli occhi e dice:

– L'invidia è uno dei peccati capitali. Ma Dio sa perdonare tutto, se siamo davvero pentiti.
– Sono pentito – dice Guido – ma non so cosa fare. Forse non sono un grande artista, ma senza l'arte non so cosa fare.
– Hai talento. – gli dice il frate. – Forse non è il grande talento che tu pensavi, ma sei un bravo pittore.
– Ma non sono il migliore! – dice Guido.
– Il mondo è pieno di artisti che sanno di non essere i migliori e continuano a dipingere. Forse non devi amare solo l'arte, ma anche Dio. Lui ama chi ha talento.
– Voi... dite che io... – dice Guido.
– Vieni con me. – gli dice il frate. – Nel monastero dove vivo abbiamo bisogno di un bravo artista per affrescare le pareti. È un grande monastero, bellissimo. Sarai un frate e un pittore. E sarai sicuramente il più bravo, tra i frati!

E così Guido Salimbeni è diventato un frate e ha dipinto l'intero monastero, un grande e bel monastero vicino ad Arezzo. Il monastero oggi non esiste più, così come non esiste e non è mai esistito Guido Salimbeni.

NOTE

mediocre: né buono né cattivo; senza qualità.

peccati capitali: nella religione cristiana sono sette.

perdonare: dimenticare un'offesa, non provare odio per chi ci ha fatto del male.

pentiti: dispiaciuti per il male che abbiamo fatto.

monastero: luogo dove vivono frati o persone religiose.

affrescare: dipingere un affresco.

1 • Vero o falso ?

	V	F
1. Guido Salimbeni è un grande amico del pittore Mantegna.	☐	☐
2. Il figlio del duca di Mantova non è interessato all'arte.	☐	☐
3. Guido Salimbeni vede Botticelli per la prima volta.	☐	☐
4. Botticelli lavora per il principe Lorenzo de' Medici.	☐	☐
5. Guido Salimbeni vuole uccidere la modella di Botticelli.	☐	☐
6. La modella di Botticelli ama bere vino rosso.	☐	☐
7. In carrozza, Guido conosce un frate.	☐	☐
8. Guido Salimbeni è un personaggio storico.	☐	☐

2 • Completa il testo con le parole della lista. Attenzione: c'è una parola in più.

alberi | modella | vestito | bionda | capolavoro | pennello | quadro | tela

In quel momento entra da una porta una _____ di Botticelli: è alta, _____,
ha gli occhi chiari. Ha un _____ bianco ed è bellissima. Mentre la ragazza
entra nella stanza, l'artista si avvicina a una grande _____ e Guido può vedere il
lavoro del maestro: nella tela c'è quella ragazza bellissima in mezzo agli _____.
Guido capisce che Botticelli non ha ancora finito il _____, ma capisce anche che quel
quadro è un _____.

3 • Ricostruisci questi due grandi capolavori di Botticelli. Rileggi il testo dell'esercizio 2: quale di questi è il quadro che Botticelli sta dipingendo nella storia?

1

2

3

4

A

B

4 • Leggi il testo e poi abbina i nomi degli artisti alle città e ai Signori che avevano il potere in quelle città, come nell'esempio.

I GRANDI CAPOLAVORI NEI CENTRI DEL RINASCIMENTO ITALIANO

Ancora oggi è possibile ammirare i grandi capolavori del Rinascimento nei luoghi dove gli artisti li hanno realizzati: nella piccola città di Urbino ci sono due importanti opere di Piero della Francesca, tra cui il doppio ritratto dei duchi di Urbino, Federico e sua moglie Battista Sforza. Nel Palazzo Ducale di Mantova c'è la famosa *Camera degli Sposi*, con gli affreschi di Andrea Mantegna; a Milano il *Cenacolo* di Leonardo e Firenze è ricca di opere di tutti i più grandi artisti del Rinascimento, soprattutto Botticelli e Michelangelo. Michelangelo era ancora molto giovane durante gli anni di Lorenzo de' Medici, ma ha sicuramente compreso l'importanza che ha avuto il Magnifico per l'arte di quel periodo.

Leonardo	Urbino	famiglia degli Sforza
Piero della Francesca	Mantova	Lorenzo de' Medici
Botticelli e Michelangelo	Milano	Federico di Montefeltro
Mantegna	Firenze	Duca Ludovico II Gonzaga

5 • Completa il testo con le frasi della lista.

a. Uno di questi artisti era | **b.** il duca Federico di Montefeltro ha voluto costruire il suo Palazzo
c. La città ha meno di 15000 abitanti | **d.** vediamo solo il profilo sinistro del duca Federico

Il palazzo ducale di Urbino.

Urbino è un piccolo centro nelle Marche, una regione dell'Italia centrale. (1)_____, ma ogni anno migliaia di turisti visitano Urbino per ammirare uno dei centri più importanti del Rinascimento italiano. A Urbino, infatti, (2)_____, capolavoro dell'architettura di ogni tempo e ha chiamato i più grandi artisti del periodo per dare alla sua città opere d'arte di grande bellezza.

(3)_____ Piero della Francesca, sicuramente uno dei grandi geni del Rinascimento; Piero era anche grande amico di Federico e ha dipinto il doppio ritratto del duca e sua moglie. Una curiosità: in tutti i ritratti (4)_____, perché il duca ha avuto un incidente a cavallo e ha perso il suo occhio destro.

Anche dopo la morte del Duca Federico, Urbino ha continuato a essere un centro artistico importante: infatti, proprio a Urbino è nato nel 1483 uno dei più grandi pittori e architetti del Rinascimento: Raffaello Sanzio.

Il ritratto del Duca di Urbino e sua moglie.

6 • Rileggi i testi a pagina 12 e indica se le frasi si riferiscono al testo sul Rinascimento (R), a quello su Urbino (U) o a tutti e due (RU).

	R	U	RU
1. La città di Urbino è piccola.	☐	☐	☐
2. Mantegna ha realizzato degli affreschi nel Palazzo Ducale a Mantova.	☐	☐	☐
3. Il Palazzo Ducale di Urbino è un capolavoro dell'architettura italiana.	☐	☐	☐
4. Piero della Francesca ha lavorato a Urbino.	☐	☐	☐
5. A Firenze ci sono opere importanti di Botticelli.	☐	☐	☐
6. Piero della Francesca era un grande amico del duca Federico.	☐	☐	☐
7. A Urbino c'è il doppio ritratto che Piero ha fatto ai duchi di Urbino.	☐	☐	☐
8. Federico di Montefeltro non aveva l'occhio destro.	☐	☐	☐
9. Una delle opere più importanti di Leonardo è a Milano.	☐	☐	☐
10. Raffaello Sanzio è nato a Urbino.	☐	☐	☐

7 • Indica se le parole a destra sono sinonimi (S) o contrari (C) di quelle sottolineate nel testo.

	S	C

In realtà Guido è un bravo pittore. Ma lui non vuole essere semplicemente bravo: vuole essere il migliore. E a Mantova in quel periodo il migliore è sicuramente Mantegna.

Nel 1478, il duca di Mantova muore e il figlio Federico non ama l'arte come il padre. Guido Salimbeni decide allora di partire. La sua destinazione è Firenze:

– So che a Firenze c'è un principe che ama molto l'arte e i grandi artisti. – Dice Guido ai suoi amici.
– Sicuramente lui capirà il mio talento!
– Sì, – dice uno degli amici di Guido – Lorenzo de' Medici. Ma perché non vai a Urbino? È più vicina e lì c'è il duca Federico da Montefeltro che sta costruendo il suo grande palazzo Ducale e ha chiamato grandi artisti come Raffaello e Piero della Francesca.
– Urbino? No, è lontana e troppo piccola per il mio grande talento! Firenze è la città giusta per me e Lorenzo de' Medici è il principe giusto! Vedrete, sarò io il suo artista preferito!

1. peggiore	☐	☐
2. certamente	☐	☐
3. odia	☐	☐
4. provenienza	☐	☐
5. importanti	☐	☐
6. lontana	☐	☐
7. distante	☐	☐
8. abilità	☐	☐
9. favorito	☐	☐

8 • Rimetti in ordine le frasi e ricostruisci la storia di Guido Salimbeni, come nell'esempio.

☐ a. Guido va a Firenze perché sa che Lorenzo il Magnifico ama l'arte.
☐ b. Guido scappa dalla bottega di Botticelli.
☐ c. Guido Salimbeni è un artista di Mantova.
☐ d. Guido incontra un frate nella carrozza e gli racconta la sua storia.
☐ e. Il frate dice a Guido che può diventare frate e affrescare il monastero.
☐ f. Guido parte da Mantova quando muore il duca Ludovico.
☐ g. Guido parla con la modella di Botticelli e vuole uccidere l'artista.
☐ h. Guido entra nella bottega di Botticelli.

Statua di Giuseppe Mazzini.

RISORGIMENTO

traccia 2

Il Risorgimento è un lungo periodo che va dal 1815 al 1871, la data della definitiva Unità d'Italia. Prima dell'Unità, in Piemonte c'è il Re di Savoia, ma il resto dell'Italia del Nord è in mano all'Austria. Nel centro Italia c'è lo stato Pontificio (cioè del Papa) e il Sud Italia è sotto il potere francese. Giuseppe Mazzini è uno dei protagonisti del Risorgimento, insieme a Giuseppe Garibaldi e al ministro piemontese Cavour. Il Risorgimento finisce con le vittorie dell'esercito piemontese e di Garibaldi che uniscono l'Italia in nome del re Vittorio Emanuele II di Savoia (il primo re d'Italia).

Milano, 1859.

Stefano e Antonio sono in piazza della Scala. Due settimane fa hanno saputo che Giuseppe Mazzini non era più a Londra e si trovava in Italia: la città dove Stefano e Antonio vivono, Rimini, è nello Stato Pontificio, ma loro due, come tanti altri giovani italiani, sentono che l'unità d'Italia è vicina e vogliono partecipare al grande momento storico. Quando hanno saputo che il grande patriota Mazzini è a Milano, hanno deciso di partire da Rimini per conoscerlo. Stefano e Antonio hanno appuntamento con un milanese amico di Mazzini in piazza della Scala, alle sette di sera. Ma i due amici aspettano da più di dieci minuti e ancora non vedono arrivare nessuno.

– Ma sei sicuro che l'appuntamento è qui? – chiede Antonio.
– Ma certo! – risponde Stefano. – Piazza della Scala è questa. E l'appuntamento era alle sette. Sono solo le sette e dieci, aspettiamo ancora.
– D'accordo, – dice Antonio – ma non voglio aspettare troppo. È pieno di soldati austriaci.

Dopo qualche minuto, arriva un uomo.

– Siete voi i due patrioti di Rimini?
– Sì! – dice Stefano. – Tu chi sei?
– Sono un patriota, come voi. – dice l'uomo – So che volete incontrare Giuseppe Mazzini.
– Esatto! – dice Antonio.
– Parlate sottovoce! – dice l'uomo – La città è piena di spie! Se volete, potete incontrare Mazzini tra due giorni. Sarà al bar Cova, insieme ad altri patrioti.
– Il bar Cova? – chiede Stefano – E dov'è?
– Non è lontano, – dice l'uomo – lo trovate facilmente. E ora addio. Buona fortuna!

I due amici sono molto emozionati.

– Conosceremo Mazzini! – dice Antonio.
– Allora tra due giorni saremo al bar... come si chiama? – dice Stefano.
– Cova.
– Sì, al bar Cova con Mazzini. Ma cosa facciamo fino a dopodomani?
– Beh, siamo a Milano: visitiamo Milano! E poi dobbiamo capire dov'è questo bar Cova.

NOTE

piazza della Scala
una delle piazze più
importanti di Milano,
dove c'è il Teatro alla
Scala.

Giuseppe Mazzini
Uno dei protagonisti del
Risorgimento italiano.
Vedi il testo a pagina 22.

patriota: persona che
ama e combatte per il
proprio paese.

sottovoce: a voce bassa.

spie: agenti segreti.

bar Cova Un antico ed
elegante bar di Milano.
Vedi il testo a pagina 23.

addio: saluto definitivo.

Il giorno dopo, i due amici visitano il Cenacolo di Leonardo e poi vanno in un caffè. C'è una bella donna con il cappello rosso seduta a un tavolo, da sola.

– Che bella donna. – dice Antonio.
– Sì, una donna di classe. – dice Stefano. – E ha gusto: mi sta guardando.
– No, – dice Antonio – veramente sta guardando me. E mi sorride.
– Ti sbagli, – dice Stefano – sorride a me.
– Buongiorno, signori. – dice la donna.
– Dice a me? – chiedono i due ragazzi, insieme.
– Volete sedervi al mio tavolo? Vi offro volentieri qualcosa.
– Non lo permetteremo mai! – dice Antonio.
– Sì! – dice Stefano – Offriamo noi, naturalmente!
– Naturalmente. – dice la donna, con ironia.

I due ragazzi si siedono al suo tavolo. La donna alza la mano per chiamare il cameriere.

– Tre bicchieri di vino rosso! – dice la donna. I due ragazzi si guardano sorpresi.
– Lei, signora, – dice Antonio – beve vino rosso? A quest'ora del giorno?
– Perché? – chiede la donna con un sorriso. – È vietato dalla legge? Gli austriaci non vogliono?

La donna alza il suo bicchiere.

– Allora, alla nostra salute. – dice, sempre sorridendo. – E... All'Italia!
– Cosa? All'Italia...? Ma allora anche Lei è una patriota! – dice Antonio, sempre più ammirato.

La donna continua a sorridere. I due ragazzi alzano i loro bicchieri e brindano.

BRINDANO
(inf. brindare)

– Mi chiamo Eleonora. – dice la donna.
– Io sono Stefano.
– E io mi chiamo Antonio.
– Siamo patrioti! – dice Stefano. – Come Voi!
– Veniamo da Rimini. – dice Antonio. – Siamo qui a Milano per conoscere Mazzini!

Eleonora diventa subito seria.

NOTE

il Cenacolo Uno dei capolavori di Leonardo da Vinci.

ha gusto: apprezza la bellezza.

È vietato: proibito, che non si può fare.

– Chi? Giuseppe Mazzini?

– Sì, lui! Domani lo incontreremo al bar Cova! – dice Stefano.

– Al bar Cova? Domani Mazzini sarà al bar Cova? – chiede Eleonora, molto interessata. Poi fa un'espressione triste: – Come vorrei conoscerlo! Posso venire con voi, domani?

D'improvviso, dalla strada si sentono delle grida:

– Viva Verdi! Viva Verdi!

I due amici escono e vedono una carrozza. Tutti gridano: "Viva Verdi!". Nella carrozza c'è Giuseppe Verdi, il grande musicista. Molte persone vogliono vedere e salutare il Maestro; i due amici approfittano della confusione e vanno verso Piazza del Duomo.

– Ma... andiamo via così? E Eleonora? – chiede Stefano.

– Forse abbiamo detto troppe cose a Eleonora. – dice Antonio.

– Perché? Eleonora non è una spia!

– Non lo so. Non è facile capire chi è una spia e chi non lo è.

Nello stesso momento, Eleonora sale su una carrozza. Quando scende, entra in un grande palazzo. Poi entra in un ufficio. Nell'ufficio c'è un uomo seduto a un tavolo. I due parlano in tedesco.

– Mazzini domani sarà al bar Cova. – dice Eleonora.

– Cosa?

– L'ho saputo da due patrioti italiani, due stupidi giovani che vogliono conoscerlo. Domani hanno appuntamento con lui al bar Cova.

– A che ora?

– Non lo so.

– Domani prenderemo Mazzini. – dice l'uomo. – Ottimo lavoro, Helga. Cerca quei ragazzi. Io manderò degli uomini al bar Cova.

Eleonora (che è una spia austriaca e in realtà si chiama Helga) esce dal palazzo e cerca Antonio e Stefano. Forse non sono lontani, pensa. Ma non li trova.

Il giorno dopo, per Stefano e Antonio è il gran giorno: conosceranno Giuseppe Mazzini!

– Tu cosa gli dirai? – chiede Stefano all'amico.

– Gli dirò che... voglio entrare nella Giovane Italia! – dice Antonio.

– Ma la Giovane Italia non esiste più! Io invece gli dirò che la mia mano è pronta a liberare l'Italia insieme a lui.

– Bello!

– Sì, ho preparato questo discorso da quando siamo partiti da Rimini!

NOTE

Viva Verdi! "Lunga vita a Verdi". Vedi il testo a pagina 24.

Giuseppe Verdi Famoso compositore italiano di opere liriche.

approfittano (inf. *approffitare*): trovano un vantaggio.

Giovane Italia Associazione segreta di patrioti italiani fondata da Giuseppe Mazzini. Vedi testo a pagina 22.

I due giovani arrivano al bar Cova molto prima dell'ora dell'appuntamento. Entrano nel caffè e... sorpresa! C'è Eleonora! È, come sempre, elegante e bellissima. Sorride ai due ragazzi.

– Lei qui? – chiede Antonio.
– Certo. – dice Eleonora. – Cosa vi ho detto ieri? Voglio conoscere anch'io Giuseppe Mazzini!

I tre si siedono e ordinano un caffè, ma dopo pochi minuti arriva un uomo che dà a Stefano un biglietto ed esce. Stefano apre il biglietto.

– Mazzini non verrà. Qualcuno ha parlato: gli austriaci sanno tutto.
– Come è possibile? – dice Antonio.

In quel momento Eleonora si alza. I due ragazzi, senza sapere perché, si alzano con lei.

– Usciamo. – dice la donna, molto seria.

Eleonora esce dal bar e i due ragazzi camminano dietro di lei. Dopo pochi metri i ragazzi trovano due soldati austriaci. Eleonora non guarda i due ragazzi, ma dice:

– Soldati, prendete questi due uomini! Sono nemici dell'Austria!
I soldati austriaci mettono i due amici in una carrozza e li portano in prigione. Ma per poco tempo: infatti, in quello stesso anno, il Re del

PRIGIONE

Piemonte, Vittorio Emanuele II, libera Milano dagli austriaci e l'Italia è divisa in tre stati: quello dei piemontesi a nord, lo Stato Pontificio al centro e il Sud Italia in mano ai francesi. L'anno dopo, grazie anche alla spedizione dei Mille di Garibaldi, l'Italia è finalmente unita. E, sorpresa: anche i due amici Antonio e Stefano sono tra i Mille! Ma questa è un'altra storia.

NOTE

nemici: il contrario di *amici*.

spedizione dei Mille
Impresa militare che ha portato all'unità d'Italia nel 1860.

Garibaldi
Eroe e patriota italiano. Vedi testo a pagina 22.

1 • Indica le opzioni corrette.

1. Stefano e Antonio vengono
   - ☐ a. da un altro stato italiano.
   - ☐ b. da Londra.
   - ☐ c. dal Piemonte.

2. Stefano e Antonio incontreranno Mazzini
   - ☐ a. in piazza della Scala.
   - ☐ b. in una carrozza.
   - ☐ c. in un bar.

3. Helga dice di essere
   - ☐ a. una spia.
   - ☐ b. un'amica di Mazzini.
   - ☐ c. una patriota.

4. Passa la carrozza di Verdi e i due amici
   - ☐ a. lo salutano.
   - ☐ b. escono dal bar.
   - ☐ c. gridano: "Viva Verdi!"

5. Alla fine, Helga
   - ☐ a. manda in prigione i due amici.
   - ☐ b. manda in Sicilia i due amici.
   - ☐ c. manda un bacio ai due amici.

2 • Completa il testo con i verbi al presente, all'imperfetto e al passato prossimo.

Stefano e Antonio sono in piazza della Scala. Due settimane fa (*sapere* – loro) _____ che Giuseppe Mazzini non (*essere*) _____ più a Londra e (*trovarsi*) _____ in Italia: la città dove Stefano e Antonio vivono, Rimini, è nello Stato Pontificio, ma loro due, come tanti altri giovani italiani, (*sentire*) _____ che l'unità d'Italia è vicina e (*volere*) _____ partecipare al grande momento storico. Quando hanno saputo che il grande patriota Mazzini è a Milano, hanno deciso di partire da Rimini per conoscerlo. Stefano e Antonio hanno appuntamento con un milanese amico di Mazzini in piazza della Scala, alle sette di sera. Ma i due amici (*aspettare*) _____ da più di dieci minuti e ancora non (*vedere*) _____ arrivare nessuno.

3 • Risolvi il cruciverba.

Orizzontali →
4 Non si può fare: è...
6 Lo era Giuseppe Mazzini.
9 Agente segreto.
10 Il contrario di amico.
11 Se ami le cose belle, hai...

2 Abitante del Piemonte.
3 A voce bassa.
5 Devo prendere un .... con il medico.
7 Chi è nato in Austria.
8 Vedi immagine.

Verticali ↓
1 Fare un brindisi (verbo).

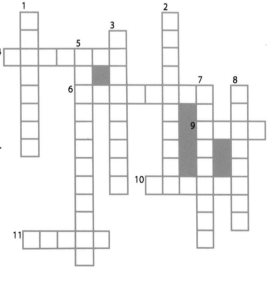

MAZZINI, GARIBALDI, CAVOUR: TRE UOMINI E TRE MODI DI FARE L'ITALIA

Statua di Giuseppe Garibaldi

I tre grandi protagonisti del Risorgimento sono stati Giuseppe Mazzini, Giuseppe Garibaldi e Camillo Benso di Cavour: tre uomini molto differenti e tre modi differenti di pensare all'Unità d'Italia.

Giuseppe **Garibaldi** è stato l'uomo d'azione, il generale che ha sempre messo a disposizione i suoi soldati e la sua abilità per liberare i popoli e dare loro l'indipendenza: Garibaldi non aveva un buon rapporto con il Re del Piemonte e con Cavour, il primo ministro piemontese, ma ha sempre fatto quello che il Re gli ha chiesto e con la sua spedizione dei Mille ha liberato l'isola e dato un contributo importante all'Unità d'Italia e alla nascita del Regno d'Italia.

Giuseppe Mazzini, invece, è stato più un uomo di pensiero: nel 1830 ha fondato la *Giovane Italia*, un movimento politico che chiedeva la libertà dell'Italia dai regni stranieri e la nascita di una Repubblica. Per queste sue idee, Mazzini non poteva restare in Italia e ha vissuto molto all'estero, soprattutto a Londra. La sua idea di Italia era molto diversa da quella di Garibaldi e soprattutto da quella di **Camillo Benso di Cavour**, primo ministro del re Vittorio Emanuele di Savoia: Cavour era un uomo politico molto abile e ha

Statua di Giuseppe Mazzini

usato nei momenti giusti la diplomazia e la guerra. Non ammirava Garibaldi, ma sapeva che poteva essere utile e capiva che avevano uno scopo in comune: dare alla famiglia reale dei Savoia tutto il territorio italiano, dalle Alpi alla Sicilia. Dopo l'Unità nel 1861, l'Italia ha avuto quattro re della casa Savoia: Vittorio Emanuele II (1861-1870), Umberto I (1878-1900), Vittorio Emanuele III (1900-1944) e Umberto II (dal 9 maggio al 10 giugno del 1946). Il 2 giugno 1946, con un referendum popolare, l'Italia è diventata una Repubblica.

4 • Leggi il testo qui sopra e indica se le frasi si riferiscono a Mazzini (M), Garibaldi (G), Cavour (C) o a tutti e tre (MGC).

	M	G	C	MGC
1. Voleva un'Italia repubblicana.	☐	☐	☐	☐
2. Il suo scopo era l'Unità d'Italia.	☐	☐	☐	☐
3. Era un uomo d'azione.	☐	☐	☐	☐
4. È stato primo ministro.	☐	☐	☐	☐
5. Ha fondato un movimento politico.	☐	☐	☐	☐
6. Non aveva buon rapporti con gli altri due.	☐	☐	☐	☐
7. Ha liberato la Sicilia con 1000 uomini.	☐	☐	☐	☐
8. Ha usato la diplomazia in modo abile.	☐	☐	☐	☐

5 • Leggi il testo e poi unisci i nomi dei bar alle città.

IL BAR COVA E I CAFFÈ DEI PATRIOTI IN ITALIA

Il **bar Cova** è nato nel 1817 ed è ancora oggi uno dei più antichi e importanti caffè di Milano. Il bar è elegante e grazie alla sua posizione, vicino al Teatro alla Scala, diventa subito il punto d'incontro di artisti, musicisti, scrittori e uomini politici. Dal 1848, l'anno della grande rivolta di Milano contro l'Austria, il caffè diventa il luogo dove si incontrano i patrioti italiani che desiderano l'indipendenza dall'Austria. Ma in quei tempi andare al caffè per parlare e fare politica era una cosa molto comune: ancora oggi è possibile visitare alcuni dei caffè che durante il Risorgimento hanno visto sedersi patrioti, personaggi storici e futuri uomini politici dell'Unità d'Italia: a **Torino**, la prima capitale d'Italia, ci sono il Bicerin e il caffè Florio; a **Venezia** il Gran Caffè ristorante Quadri, il caffè Pedrocchi a **Padova** e, a **Palermo**, l'Antica focacceria San Francesco (dove mangiava Garibaldi); infine, a **Cosenza**, il Gran Caffè Renzelli, dove si sono fermati i fratelli Attilio ed Emilio Bandiera, eroi del primo periodo del Risorgimento.

a. Gran Caffè Renzelli | **b**. Gran Caffè Quadri | **c**. Bar Cova
d. Antica Focacceria San Francesco | **e**. Caffè Pedrocchi | **f**. Caffè Florio

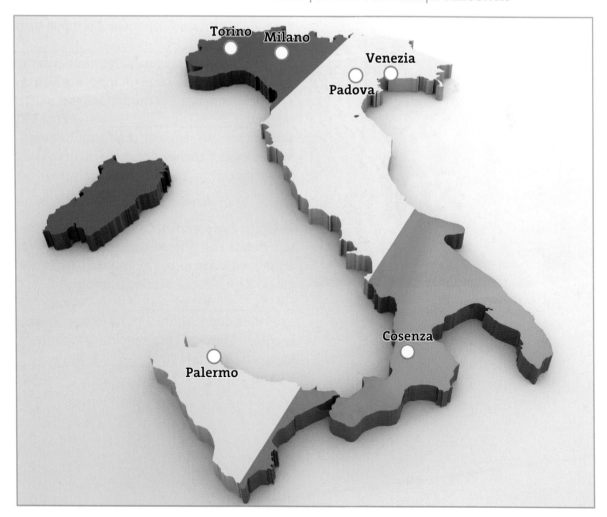

6 • Rimetti in ordine il dialogo, come nell'esempio.

☐1 a – Che bella donna. – dice Antonio.
☐ b – Naturalmente. – dice la donna, con ironia.
☐ c – No, – dice Antonio, – veramente sta guardando me. E mi sorride.
☐ d – Buongiorno, signori. – dice la donna.
☐ e – Ti sbagli – dice Francesco – sorride a me.
☐ f – Dice a me? – chiedono i due ragazzi, insieme.
☐ g – Non lo permetteremo mai! – dice Antonio.
☐ h – Volete sedervi al mio tavolo? Vi offro volentieri qualcosa.
☐ i – Sì! – dice Stefano – Offriamo noi, naturalmente!
☐ j – Sì, una donna di classe. – dice Francesco. – E ha gusto: mi sta guardando.

7 • Completa il testo con le frasi della lista.

a. entrare nel Parlamento del Regno | **b.** era possibile vedere spesso una scritta
c. il musicista ha appoggiato l'azione politica | **d.** ha contribuito all'Unità d'Italia

Statua di Giuseppe Verdi

VIVA VERDI!
Secondo alcuni studiosi, anche Giuseppe Verdi, con la sua musica, (1) _____:
l'aria *Va' pensiero* nell'opera *Nabucco*, infatti, è molto adatta per essere un inno alla libertà e all'indipendenza. Sui muri di Milano, però, dal 1859, (2)_____: *VIVA VERDI!*
Non era solo un segno di ammirazione per il musicista, ma anche un messaggio in codice.
Infatti significava: significava:

VIVA Vittorio Emanuele Re D'Italia

In verità, l'importanza di Verdi nel Risorgimento non è stata così grande: Giuseppe Verdi ammirava Mazzini, ma quando la nascita di una Repubblica è sembrata impossibile, (3)_____ di Cavour e nel 1861, dopo l'Unità d'Italia (ma senza ancora la città di Roma, ancora dello stato Pontificio), ha accettato di (4) _____ d'Italia.

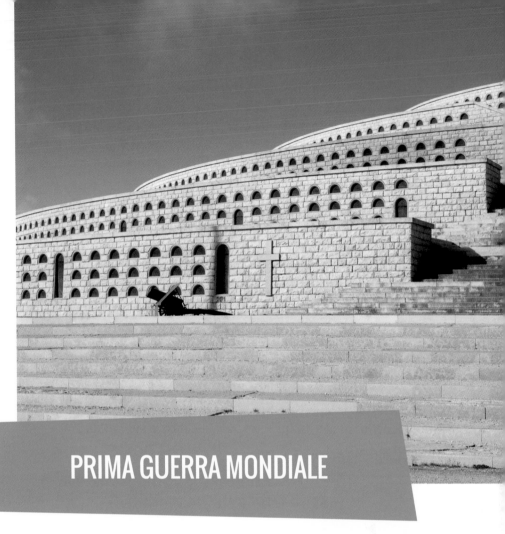

Il Sacrario Militare di Cima Grappa, dedicato ai soldati italiani morti durante la Prima Guerra Mondiale.

PRIMA GUERRA MONDIALE

traccia 3 *L'esercito italiano ha combattuto la Prima Guerra Mondiale soprattutto nelle regioni del Nord-Est: Veneto, Trentino e Friuli Venezia Giulia sono infatti le regioni dove ci sono state le battaglie più importanti. Ancora oggi, tra le montagne o vicino ai fiumi Isonzo e Piave, è possibile vedere grandi monumenti dedicati ai 500.000 soldati italiani morti in questa guerra, che per questo motivo si chiama anche "Grande Guerra".*

SOLDATI

NOTE

esercito: corpo militare composto da molti uomini (e donne) in divisa.

Fiume Isonzo, 2 giugno 1917.

L'esercito italiano e quello austriaco combattevano vicino al fiume Isonzo dal 12 maggio; era il secondo anno di guerra e tutti erano stanchissimi. L'esercito italiano doveva arrivare a Trieste. Ma per arrivare a Trieste doveva attraversare il fiume Isonzo. Davanti al fiume c'erano più di 150 mila austriaci. Ma gli italiani erano di più, molti di più, e avevano più cannoni.

CANNONI

– Arriveremo a Trieste in pochi giorni! Dicevano i generali.

Invece, dopo venti giorni, l'esercito italiano era ancora fermo nella stessa trincea.

TRINCEA

Il pomeriggio di quel 2 giugno dopo una battaglia terribile di quasi otto ore, italiani e austriaci decidono una tregua per portare via i corpi dei soldati morti. In una delle trincee italiane, un ufficiale dice ai suoi soldati:

– Usciamo con la bandiera bianca.

BANDIERA

Leonardo è il primo soldato italiano che esce dalla trincea: grida, in italiano:

– Tregua! Tregua!
– Va bene! – dice un soldato austriaco, in italiano – Tregua!

Dalle due trincee allora escono i soldati italiani e austriaci: tutti sono sporchi, stanchi, hanno gli occhi tristi e non dicono niente.

Leonardo vede due austriaci vicino a un soldato ferito. Dalla divisa del soldato è caduto qualcosa. Leonardo lo prende. È un piccolo diario con delle foto.

– Ehi! – dice – Ehi, soldati!

I due soldati austriaci guardano Leonardo. Lui alza la mano con il piccolo diario.

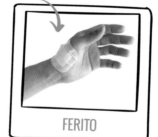

FERITO

– Questo! – dice Leonardo – È caduto questo!

I due austriaci si fermano, uno di loro prende il diario. Lo guarda, lo apre. Cade una foto. La prende. Poi guarda Leonardo:

– Sua moglie. – dice in tedesco.

Leonardo capisce un po' il tedesco e fa sì con la testa.

– Moglie – ripete in italiano, e indica la sua fede.

NOTE

generali: i comandanti dell'esercito.

tregua: pausa in un combattimento.

morti: persone che hanno perso la vita.

ufficiale: nell'esercito, chi ha una parte del comando.

divisa: vestito che indossano i soldati.

è caduto (inf. cadere): è sceso rapidamente giù.

fede: anello d'oro di chi si sposa.

– Sì, sì, moglie! – dice il soldato austriaco in italiano.

– Tu...? Moglie? – chiede Leonardo al soldato austriaco.

– Nein, Nein! No no, no moglie! – ride lui.

Ma poi cerca qualcosa nella sua divisa. Anche lui ha una foto. Nella foto c'è una bella ragazza bionda. Dietro di lei, le montagne del Tirolo e, più lontano, un piccolo paese di montagna.

– Heike! – dice il soldato.

– Ah, bene! – dice Leonardo. – Bella ragazza! Bravo!

Il soldato ride e ripete in italiano:

– Ahahah! Sì sì, bella! Bella ragazza! – conosce bene quelle due parole.

Intanto arriva anche l'altro soldato. Quando capisce cosa stanno facendo i due, sorride. Prende anche lui una foto.

– Katrin. – dice – Moglie!

Leonardo capisce che deve fare come loro. Cerca nei pantaloni e trova la fotografia.

– Marisa! – dice.

– Marisa! – dice uno di loro. E poi l'altro:

BRACCIO

– Marisa... Bella ragazza! – ridono forte. Ride anche Leonardo.

– Marisa – dice uno dei due austriaci – lontano?

– No, non vive molto lontano da qui. – risponde Leonardo. Viviamo a Conegliano. – e alza un braccio verso la direzione di casa sua.

– Conegliano! – dice l'altro austriaco – Sì, Conegliano!

Leonardo capisce che il soldato austriaco conosce Conegliano. "Forse ci è andato in tempo di pace", pensa.

– Io Leonardo!

– Io Thomas. – dice il più alto dei due.

– Io Maximilan. – dice l'altro.

Vicino a loro passa un altro soldato italiano: è Gustavo, un giovane soldato che parla bene tedesco.

– Cosa fai, Leonardo? Parli col nemico? – dice, ma in modo scherzoso.

– Sono simpatici. – dice Leonardo. – Guardiamo le foto delle mogli e delle fidanzate.

– Tu... moglie? – dice Thomas a Gustavo. Gustavo risponde in tedesco.

– Cosa hai detto? – chiede Leonardo.

– Ho detto che non sono sposato. Ho solo le foto dei miei genitori.

– Beh, perché non le fai vedere? – chiede Leonardo.

– Sì, ...un momento solo. – risponde Gustavo. Poi dice qualcosa in tedesco e torna verso la trincea.

NOTE

Tirolo
uno degli stati federati (*Länder*) dell'Austria.

fidanzate: ragazze che promettono di sposarsi con la persona che amano.

– Ma... dove vai? – grida Leonardo.

Anche Thomas torna alla sua trincea. Poco dopo torna Gustavo: ha in mano una bottiglia di grappa. Nello stesso momento torna anche l'austriaco, con delle sigarette e una bottiglia.

– Grappa! – dice Gustavo.
– Schnaps! – dice Thomas. Poi offre le sigarette a tutti, mentre Gustavo dà la bottiglia a Maximilian.
– Salute! – dice Leonardo, con la bottiglia di schnaps in mano.
– Prosit! – dicono i due austriaci.

Poi anche Maximilian prende una foto.

– Meine mutter. – dice. Sua madre.
– Somigli molto a tua madre! – dice Leonardo, e Gustavo traduce.

Passano così quasi mezz'ora, i due italiani e i due austriaci, come buoni amici. Grazie a Gustavo che parla tedesco, riescono a parlare anche di calcio, di donne, della vita che avevano in tempo di pace, e di quella futura, quando la pace tornerà.
Poi arriva un ufficiale austriaco e grida qualcosa ai due soldati, sembra molto arrabbiato. I due soldati austriaci tornano alla loro trincea.

– Dai, – dice Gustavo, – anche noi dobbiamo andare. Tra meno di due ore torneranno a essere nemici.
– Sì, è vero... Però è stato bello parlare con persone diverse, no?
– Diverse? – chiede Gustavo. – A me sono sembrati uguali a noi.
– È vero. – dice Leonardo – Volevo dire...
– Ho capito cosa volevi dire, ho capito.

Quando arriva la sera, i soldati italiani iniziano a sparare dal Carso, una montagna poco lontana.
Il capitano italiano grida ai suoi soldati:

– Fuoco! Fuoco!

La battaglia riprende più violenta di prima e dura ancora tre giorni. Il 5 giugno, l'esercito italiano può attraversare l'Isonzo. La battaglia è finita e molti soldati austriaci sono prigionieri dell'esercito italiano. Tra questi anche Maximilian: il 6 giugno è nelle trincee degli italiani e vede qualcosa a terra.
È la fotografia di Marisa, la moglie di Leonardo.
Maximilian prende la foto.

SPARARE

NOTE

grappa: liquore molto alcoolico. Durante la guerra serviva per dare coraggio ai soldati.

schnaps: liquore simile alla grappa.

somigli (inf. somigliare): sei simile.

dai: espressione idiomatica molto comune in italiano. Significa: "avanti!".

fuoco: qui significa "sparate!".

prigionieri: soldati che sono in una prigione militare.

Maggio 1925.

Maximilian ha sposato una ragazza del sud Tirolo e vive in un piccolo paese al confine tra Italia e Austria. Un giorno lui e la moglie fanno una gita in Veneto, Maximilian vuole rivedere i posti dove ha combattuto tanti anni prima. Ma vuole anche fare un'altra cosa. Ha parlato spesso di Leonardo alla moglie, quando ricordava la guerra.

– Ti ha detto dove abitava? – chiede la ragazza.
– Sì. Ha detto che lui e sua moglie vivevano a Conegliano...
So che non è lontano. Secondo te devo andare? – chiede Maximilian.
– Maximilian, in questi ultimi mesi hai studiato italiano solo
per questo motivo! Vengo con te, se vuoi.

Maximilian e la moglie arrivano a Conegliano poco prima di sera. Maximilian ha in mano la foto di Marisa. Grazie alle informazioni di persone che conoscono Marisa, riesce a trovare la sua casa. Quando Marisa apre la porta, vede Maximilian e, dietro di lui, la moglie. Maximilian ha la foto in mano.

– Buonasera. Leonardo è in casa?
– Leonardo? – chiede Marisa. – Leonardo non è tornato dalla guerra.
Ma tu chi sei?
– Tu... sei Marisa, vero? – dice Maximilian, e dà a Marisa la foto.
– Sì, sono io. Ma voi chi siete? E come hai avuto questa foto?
– Ho conosciuto Leonardo in guerra. – dice Maximilian – Eravamo
nemici, ma c'è stata una... tregua e io e Leonardo abbiamo parlato
insieme, abbiamo bevuto. Lui aveva questa tua fotografia.
Mi dispiace tanto che lui...

Marisa guarda Maximilian e vede che quel ragazzo austriaco inizia a piangere: piange come chi ha perso un amico vero. Marisa abbraccia Maximilian.

– Venite. – dice poi
Marisa a Maximilian e
alla giovane moglie.
– Ho altre foto in casa.
Foto di Leonardo.

PIANGERE

ABBRACCIA
(inf. abbracciare)

NOTE

confine: linea di terra tra due stati.

1 • Vero o falso?

		V	F
1.	I soldati italiani e quelli austriaci combattono vicino a un fiume.	☐	☐
2.	I soldati italiani escono dalla trincea con la bandiera italiana.	☐	☐
3.	Leonardo vuole parlare con il soldato austriaco ferito.	☐	☐
4.	Leonardo ha una foto di sua moglie.	☐	☐
5.	I due soldati austriaci non vogliono parlare con Leonardo.	☐	☐
6.	Leonardo parla bene tedesco.	☐	☐
7.	I quattro soldati bevono e brindano insieme.	☐	☐
8.	Dopo la battaglia, Maximilian è prigioniero dei soldati italiani.	☐	☐
9.	Dopo la fine della guerra, Thomas e Maximilian tornano in Italia.	☐	☐
10.	Maximilian conosce la moglie di Leonardo.	☐	☐

2 • Completa il testo con le parole della lista.

guerra | esercito | fiume | battaglia | generali | soldati | cannoni | trincea | tregua

L' _____ italiano e quello austriaco combattevano vicino al _____ Isonzo dal 12 maggio; era il secondo anno di _____ e tutti erano stanchissimi. L'esercito italiano doveva arrivare a Trieste. Ma per arrivare a Trieste doveva attraversare il fiume Isonzo. Davanti al fiume c'erano più di 150 mila austriaci. Ma gli italiani erano di più, molti di più, e avevano più _____.

– Arriveremo a Trieste in pochi giorni! Dicevano i _____.

Invece, dopo venti giorni, l'esercito italiano era ancora fermo nella stessa _____.

Il pomeriggio di quel 2 giugno dopo una _____ terribile di quasi 8 ore, italiani e austriaci decidono una _____ per portare via i corpi dei _____ morti.

I LUOGHI DELLA "GRANDE GUERRA"

Nella storia hai letto i nomi del fiume Isonzo, del Carso, di Trieste. La cartina qui a fianco è la mappa delle operazioni militari italiane durante la Prima Guerra. Un altro fiume importante in quell'epoca, oltre all'Isonzo, era il Piave, che ha anche ispirato una famosa canzone patriottica.

3 • Completa il testo con i verbi al passato prossimo o all'imperfetto.

– Buonasera. Leonardo è in casa?

– Leonardo? – chiede Marisa. – Leonardo non (*tornare*) _____ dalla guerra.
Ma tu chi sei?

– Tu... sei Marisa, vero? – dice Maximilian, e dà a Marisa la foto.

– Sì, sono io. Ma voi chi siete? E come (*avere* - tu) _____ questa foto?

– (*Conoscere*) _____ Leonardo in guerra. – dice Maximilian – (*Essere*)
_____ nemici, ma (*esserci*) _____ una... tregua e io e Leonardo
(*parlare*) _____ insieme, (*bere*) _____ . Lui (*avere*) _____
questa tua fotografia. Mi dispiace tanto che lui...

4 • Completa il testo con le frasi della lista.

a. ricorda il giorno di una grande vittoria | **b.** il nome italiano di una piccola città slovena
c. la sconfitta è stata di proporzioni enormi | **d.** molti hanno parlato di una Caporetto
e. l'eliminazione dell'Italia dalle qualificazioni dei mondiali di calcio

La città di Kobarid con il sacrario.

CAPORETTO, UNA SCONFITTA MILITARE CHE È DIVENTATA UN MODO DI DIRE.

Il 14 novembre 2017, il giorno dopo (1) _____ ,
alcuni giornalisti hanno parlato di una "Caporetto del calcio italiano". Ma cosa significa la parola "Caporetto"? In realtà Caporetto non è una parola, ma (2) _____ (nome in sloveno: Kobarid) dove il 24 ottobre 1917 l'esercito italiano ha perso una battaglia contro gli eserciti austriaco e tedesco: (3) _____ e per questo motivo, da quel giorno, il nome di Caporetto è entrato nella lingua italiana come sinonimo di "sconfitta clamorosa". L'espressione è passata anche
nel linguaggio sportivo: ecco perché dopo lo shock per l'eliminazione dai mondiali del 2018,
(4) _____ . Probabilmente per gli austriaci questo nome ha un significato completamente opposto e (5) _____ ; secondo molti storici, però, la sconfitta di Caporetto è stata fondamentale per portare l'Italia a vincere la battaglia del Piave nel 1918, e quindi anche la Prima Guerra Mondiale.

5 • Ricostruisci le frasi.

1. L'esercito italiano
2. Leonardo vede due austriaci
3. Poco dopo torna Gustavo: ha in mano
4. I due soldati austriaci
5. Maximilian e la moglie arrivano
6. Marisa guarda Maximilian e vede

a. che quel ragazzo austriaco inizia a piangere.
b. tornano alla loro trincea.
c. doveva arrivare a Trieste.
d. vicino a un soldato ferito.
e. a Conegliano poco prima di sera.
f. una bottiglia di grappa.

Una trincea della Prima Guerra Mondiale.

LE TRINCEE

Testo A La Prima Guerra Mondiale è stata soprattutto una guerra di trincea: questo significa che i soldati stavano spesso fermi all'interno di queste fortificazioni scavate nella terra, per giorni, settimane, mesi. La vita della trincea era molto dura e le condizioni erano estreme: poca pulizia, poco cibo, i soldati vivevano tra il continuo pericolo di attacchi nemici e l'attesa di dovere loro, prima o poi, uscire per attaccare il nemico. La trincea ha origini antiche e durante la Prima Guerra Mondiale, questo tipo di difesa non è stato utile come un tempo, perché la Grande Guerra è stata anche la prima guerra "tecnologica", dove gli eserciti hanno usato armi moderne, gas chimici e aerei. Per questo è stata una guerra che ha visto morire milioni di uomini.

Testo B Dopo la fine della Grande Guerra, le trincee sono rimaste come monumento storico e ancora oggi è possibile visitarle, in Italia come in altri paesi europei: chi visita le trincee della Grande Guerra può capire di persona le condizioni dei soldati di quel periodo, che vivevano in condizioni terribili e spesso, alla fine della guerra, hanno sofferto di malattie nervose per anni. Di solito, vicino alle trincee ci sono anche i sacrari, grandi costruzioni monumentali che ricordano i soldati morti in quella zona durante la Prima Guerra: uno dei più importanti in Italia è quello di Redipuglia, che è anche uno dei maggiori in Europa. Un altro importante sacrario italiano è in Slovenia, a Caporetto, dove l'esercito ha combattuto e perso una battaglia che è ancora nella memoria degli italiani.

6 • Indica se le frasi si riferiscono al testo A, al testo B o ad ambedue i testi (AB)

	A	B	AB
1. Le condizioni di vita nelle trincee erano molto difficili.	☐	☐	☐
2. Ora le trincee sono visitabili.	☐	☐	☐
3. Dove ci sono le trincee, ci sono anche dei monumenti militari.	☐	☐	☐
4. Nella Prima Guerra mondiali i soldati hanno usato gas chimici.	☐	☐	☐
5. Dopo la guerra, molti soldati hanno avuto problemi nervosi.	☐	☐	☐
6. Le trincee sono fortificazioni scavate nella terra.	☐	☐	☐

Il sacrario di Redipuglia.

7 • Indica se le parole della colonna destra sono sinonimi (S) o contrari (C) di quelle <u>sottolineate</u> nel testo.

S C

Passano così quasi mezz'ora, i due italiani e i due austriaci, come <u>buoni</u> amici. Grazie a Gustavo che parla tedesco, <u>riescono</u> a parlare anche di calcio, di donne, della vita che avevano in tempo di <u>pace</u>, e di quella futura, quando la pace tornerà.

Poi <u>arriva</u> un ufficiale austriaco e grida qualcosa ai due soldati, sembra molto <u>arrabbiato</u>. I due soldati austriaci tornano alla loro trincea.

   – Dai, – dice Gustavo, – anche noi dobbiamo andare. Tra <u>meno</u> di due ore torneranno a essere <u>nemici</u>.

   – Sì, è vero... Però è stato bello parlare con persone <u>diverse</u>, no?

   – Diverse? – chiede Gustavo. – A me sono sembrati uguali a noi.

   – È <u>vero</u>. – dice Leonardo – Volevo dire...

   – Ho capito cosa volevi dire, ho capito.

		S	C
1.	cattivi	☐	☐
2.	possono	☐	☐
3.	guerra	☐	☐
4.	viene	☐	☐
5.	calmo	☐	☐
6.	più	☐	☐
7.	amici	☐	☐
8.	differenti	☐	☐
9.	falso	☐	☐

8 • Abbina le azioni ai personaggi. Attenzione: alcune azioni possono avere più soggetti.

Leonardo

Maximilian

Thomas

Gustavo

Marisa

   a. trova un diario.
   b. parla tedesco.
   c. ha la foto di Marisa.
   d. prende la grappa.
   e. impara l'italiano.
   f. vive ancora a Conegliano.
   g. trova la foto di Marisa.
   h. va in Italia dopo la guerra.
   i. ha molte foto di Leonardo.

L'obelisco fascista con la scritta Mussolini DUX ancora presente al Foro Italico di Roma.

FASCISMO

traccia 4

Il periodo dal 1922 al 1943 è conosciuto in Italia come Ventennio fascista, perché in quegli anni ha governato Benito Mussolini, dittatore e capo del Fascismo. Il Fascismo, che usava la violenza e la propaganda per controllare la popolazione, è stata una dittatura che ha avuto oppositori (come i partigiani) ma anche molti sostenitori, alcuni per convinzione, altri per paura o convenienza. Questa è la storia di due fratelli, divisi dalle loro differenti idee.

È il 12 maggio del 1924, e Flora non ha ancora deciso. È in un caffè all'aperto in piazza Navona con la sua amica Teresa. Teresa conosce bene la situazione di Flora: è innamorata di due ragazzi, due fratelli, Federico e Alberto Leonetti, e non sa chi scegliere.

– Non è vero. – dice Flora all'amica – Non sono innamorata di tutti e due. Alberto mi piace, molto. Ma Federico di più.
– Dici sempre così. – la interrompe Teresa – Però hai baciato anche Alberto. È uno scrittore, vero?
– Beh, per ora scrive sui giornali. Ma ha dei problemi, perché Alberto non è fascista. Federico, invece, dopo la marcia su Roma, è entrato nel partito. Io gli voglio bene, ma da quando è fascista è diverso... A volte mi fa paura.
– Sì, neanche a me piacciono i fascisti... – dice Teresa. – E se vuoi la mia opinione, Flora, meglio scegliere uno dei nostri, un ebreo. Io conosco tanti ragazzi ebrei carini, sai?

HAI BACIATO (inf. *baciare*)

Mentre Teresa parla, Flora pensa ai fratelli Leonetti: Flora e Alberto hanno la stessa età, hanno frequentato la stessa scuola, la loro è un'amicizia molto speciale. Ma un giorno, a sorpresa, Federico ha invitato Flora al cinema: da quel giorno tutto è cambiato. Flora ha iniziato a uscire con i due fratelli, una volta con Alberto e una volta con Federico, ma tutti e tre sapevano che quella situazione non poteva durare a lungo.

– Ma... mi ascolti? Flora? A cosa stai pensando? – chiede Teresa.
– Penso che devo decidere. – dice Flora – Ho 21 anni e devo decidere.

In quel momento, a casa dei due fratelli, Alberto e Federico stanno litigando. Alberto è più vicino alle idee socialiste, e quando anche Mussolini era socialista, tra i due fratelli non c'erano molti problemi. Ma con il tempo, le cose sono cambiate.

STANNO LITIGANDO (inf. *litigare*)

– Non posso più scrivere, Federico, grazie ai tuoi amici fascisti. – dice Alberto.
– Cosa? Ma cosa dici? Puoi scrivere nei nostri giornali. – dice Federico.
– Sì, posso scrivere solo quello che volete voi. Ma io voglio dire la verità!
– La verità? La verità è che puoi ancora scrivere perché io sono nel partito fascista! Questa è la verità, Alberto!
– Ancora per poco! – grida Alberto – Io parto! ... Con Flora!
– Ah sì, certo, la tua amica ebrea! Una bella coppia! Mi dispiace, fratellino, però Flora ama me! – dice Federico.

NOTE

innamorata: che prova amore per qualcuno.

marcia su Roma Il 28 ottobre 1922, più di 20 mila fascisti entrano a Roma. Vedi testo a pagina 42.

partito: organizzazione politica.

coppia: due persone.

– Te? Ma cosa dici?

– Vedremo chi ama Flora, fratellino mio, lo vedremo presto!

Ma la sera dopo, Flora incontra i due fratelli e dice che ha preso una decisione importante.

– Non dobbiamo più vederci. – dice ai due fratelli. – Sono sicura che è meglio per tutti.

Alberto guarda Flora e non dice una parola. Federico invece grida:

– Presto verrai da me, lo so. Io conosco le donne!

– Vedo che in tutti questi anni – dice Flora – non hai capito niente di me.

– Un giorno mi cercherai! – grida Federico. - Ricorda queste parole, Flora! Un giorno tornerai da me!

Roma, 9 maggio 1936.
L'Italia ha vinto la guerra di Etiopia e Mussolini parla dal balcone di palazzo Venezia. La folla applaude, tutti gridano "Duce! Duce!": Federico è in mezzo alla gente a gridare, mentre Alberto è in un bar in via del Corso, seduto da solo a un tavolo. Nel bar entrano una donna e un uomo. La donna guarda Alberto.

– Alberto! Sei tu?

– Flora!

– Da quanto tempo! Che cosa fai qui?

– Io... niente. Bevo un Campari.

– Ti presento Giosuè, mio marito. Giosuè, lui è Alberto. Ci conosciamo da quando siamo bambini.

Alberto saluta il marito di Flora: è un uomo alto, elegante. "Sicuramente Flora è felice con lui", pensa. "Ha preso la decisione giusta."

– E tuo fratello? – chiede Flora.

– Federico? È in piazza Venezia, naturalmente.

– Naturalmente. – ripete Flora, con una voce un po' triste. – Beh, allora... a presto!

– A presto! – dice Alberto. Ma sa bene che non è vero.

Roma, ottobre 1939.
Dopo il Manifesto della razza del 1938, il marito di Flora, professore universitario, perde il suo lavoro. La sua situazione, come quella di tutti gli ebrei in Italia, è molto difficile. Un giorno, un gruppo di fascisti entra nella loro casa: cercano soldi e gioielli. Quando escono, prendono anche Giosuè.

GIOIELLI

– Dove mi portate? – grida Giosuè ai fascisti.

– Silenzio! Devi venire con noi!

Il giorno dopo, Flora va nell'ufficio di Federico. Flora sa che Federico può liberare Giosuè.

NOTE

guerra di Etiopia
Avvenuta tra il 1935 e il 1936.

balcone di Palazzo Venezia Il balcone da dove Mussolini faceva i suoi discorsi alla folla. Vedi testo a pagina 44.

applaude
(inf. applaudire): batte le mani per la gioia o per approvazione.

Duce Dal latino dux, guida, capo. Vedi testo a pagina 43.

Manifesto della razza
Lo pubblica nel luglio 1938 il governo fascista. Vedi testo a pagina 45.

– Il signor Leonetti adesso è occupato. – dice la segretaria di Federico a Flora.

– Per favore, – dice Flora – siamo vecchi amici. Dica al signor Leonetti che lo cerca Flora Trevi.

– Un momento. – dice la segretaria, ed entra nell'ufficio di Federico.

Mentre aspetta, Flora guarda i fogli sul tavolo della segretaria. C'è una lista di tutte le famiglie ebree di Roma. Alcuni nomi sono sottolineati. Anche il suo. Poi nel corridoio vede passare un uomo con dei gioielli in una scatola aperta: sono i gioielli di Flora! In quel momento la segretaria torna.

– Prego, signora Trevi, può entrare. – dice.

Flora entra nell'ufficio di Federico. È un ufficio grande, pieno di fotografie di Mussolini. Federico è alla finestra e ha in mano dei fogli.

– Flora! – dice Federico – Che piacere vederti! A cosa devo questa tua visita?

– Lo sai benissimo! Hai mandato i tuoi uomini a casa nostra! Hanno preso tutto quello che abbiamo e hanno portato con loro Giosuè! Ma perché, Federico, cosa vuoi da noi?

– Da voi? Niente. – risponde Federico. – Io voglio solo te.

– Cosa? Dopo tanti anni... Tu sei pazzo.

– Però tu ora sei qui. – dice Federico. – E vuoi qualcosa da me. E io ti posso aiutare, Flora.

Federico prende la mano di Flora. Ma in quel momento Federico sente delle voci fuori dal suo ufficio: la porta si apre ed entra Alberto.

– Allora è vero! – dice Alberto. – Flora, sei qui!

– Alberto! – dice Flora – Lui ha... mandato i suoi uomini a casa nostra e...

– So tutto. – dice Alberto – Ho avuto la notizia da un collega giornalista che lavora qui. Federico, ma che cosa vuoi fare?

– Alberto, tu non c'entri niente in questa storia, – dice Federico – è una questione tra me e Flora... Ma adesso sono io che decido, non Flora!

– Basta, Federico! – dice Alberto.

Alberto prende da una tasca della giacca una pistola. Federico lo guarda negli occhi e parla lentamente:

PISTOLA

– Adesso tu metti la pistola sul tavolo e torni a casa da papà, va bene? Io e Flora staremo benissimo insieme, parleremo... dei vecchi tempi.

Flora si alza e va dietro Alberto, che alza la pistola verso il fratello.

– Alberto, non fare lo stupido...

NOTE

sottolineati: hanno una linea sotto per metterli in evidenza.

D'improvviso, Federico blocca la mano del fratello per prendere la pistola. I due fratelli lottano, poi Flora sente il colpo di pistola. Federico cade. Alberto guarda il fratello a terra, poi guarda Flora.

LOTTANO

   – Ma che cosa hai fatto? – grida Flora.
   – Io... non volevo... – dice Alberto.
   – È morto? – chiede Flora.
   – Sì, è morto.
   – È la fine! – dice Flora.
   – No, no... forse c'è una soluzione... – dice Alberto.

Alberto si siede al tavolo del fratello. Poi prende il telefono. Ha una voce molto simile a quella di Federico, deve solo imitare un po' il suo modo di parlare.

   – Sono Leonetti. Liberate Giosuè Trevi. – dice Alberto al telefono. – La moglie lo aspetta all'uscita.

   Poi Alberto guarda Flora.

   – Dobbiamo andare. La mia macchina è qui davanti.

Dopo alcuni minuti, esce il marito di Flora. I due si abbracciano. Poi salgono in macchina. Alberto guida.

   – Presto ci sarà la guerra. – dice Giosuè.
   – Cosa? La guerra? – dice Alberto.
   – Sì, in prigione con me c'erano persone che hanno delle informazioni segrete. Dicevano che Mussolini presto parlerà di nuovo a Piazza Venezia per dire che l'Italia entra in guerra insieme a Hitler.
   – È terribile! – dice Flora.
   – Dobbiamo lasciare l'Italia. – dice Giosuè.

Alberto si ferma davanti alla casa di Flora e Giosuè. Dà a Flora dei soldi.

   – Ho trovato questi nell'ufficio di Federico. Possono bastare per uscire dall'Italia. Ma dovete partire presto.
   – E tu? Cosa pensi di fare adesso? – chiede Flora.
   – Ho ucciso mio fratello. – risponde Alberto – Anche io devo lasciare l'Italia.
   – Addio, Alberto. Spero che un giorno potremo rivederci.

L'auto di Alberto parte, Flora rimane per un po' sulla strada con la mano alzata, a salutare. Da un bar vicino si sente una canzone fascista e poi la voce di Mussolini che parla di pace e del grande futuro dell'Italia.
L'anno dopo, l'Italia è in guerra insieme alla Germania. È la Seconda Guerra Mondiale. È l'inizio della fine per il Fascismo e per Mussolini.

NOTE

imitare: fare o dire le stesse cose di un altro.

1 • Indica le opzioni corrette.

1 Federico e Alberto sono
☐ a. due fascisti.
☐ b. due fratelli.

2 Flora è uscita la sera
☐ a. con Federico e Alberto.
☐ b. solo con Alberto.

3 Dopo la marcia su Roma
☐ a. Alberto è entrato nel partito.
☐ b. Federico è cambiato.

4 Flora ha deciso
☐ a. di lasciare i due ragazzi.
☐ b. di partire con Alberto.

5 Nel 1936
☐ a. Alberto è a Pizza Venezia.
☐ b. Flora è sposata.

6 Nel 1939 Flora ha problemi
☐ a. perché è ebrea.
☐ b. perché è una donna.

7 Flora va da Federico
☐ a. per aiutare il marito.
☐ b. perché vuole partire per l'estero.

8 Federico uccide il fratello
☐ a. per errore.
☐ b. perché ama ancora Flora.

2 • Risolvi il cruciverba.

Orizzontali →
4 Battere le mani in segno di approvazione.
7 Vedi immagine.
9 Vedi immagine.

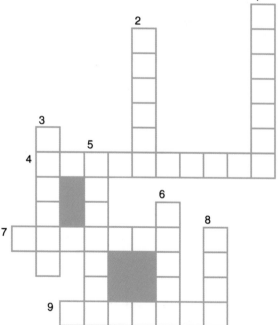

Verticali ↓
1 Da lì parlava Mussolini agli italiani.
2 Due persone.
3 L'inizio del Fascismo è stato la ... su Roma.
5 Organizzazione politica.
6 Nel 1938 è uscito il Manifesto della ...
8 Così gli italiani chiamavano Mussolini.

3 • Leggi i testi sotto e indica se le frasi si riferiscono al testo A, al testo B o a tutti e due (AB).

	A	B	AB
1. Mussolini, prima di essere fascista, è stato socialista.	☐	☐	☐
2. Dopo la Marcia su Roma, Mussolini diventa capo del governo.	☐	☐	☐
3. Il potere fascista in Italia inizia con la Marcia su Roma.	☐	☐	☐
4. La parola Duce è di origine latina.	☐	☐	☐
5. Il re Vittorio Emanuele non ha fermato la Marcia su Roma.	☐	☐	☐
6. Gli episodi di violenza su altre persone si chiamano *squadrismo*.	☐	☐	☐
7. Mussolini è stato il direttore di un importante giornale socialista.	☐	☐	☐
8. Il *Ventennio fascista* finisce con la morte di Mussolini.	☐	☐	☐

4 • Completa il testo con le parole della lista.

gioielli | segretaria | fascisti | occupato | ufficio | professore | ebrei

Dopo il *Manifesto della razza* del 1938, il marito di Flora, _____ universitario, perde il suo lavoro. La sua situazione, come quella di tutti gli _____ in Italia, è molto difficile. Un giorno, un gruppo di _____ entra nella loro casa: cercano soldi e _____. Quando escono, prendono anche Giosuè.

— Dove mi portate? – grida Giosuè ai fascisti.
— Silenzio! Devi venire con noi!
Il giorno dopo, Flora va nell'_____ di Federico. Flora sa che Federico può liberare Giosuè.
— Il signor Leonetti adesso è _____. – dice la _____ di Federico a Flora.

A - LA MARCIA SU ROMA

Il 28 ottobre 1922, il Partito Nazionale Fascista di Benito Mussolini organizza una grande manifestazione a Roma: quel giorno, arrivano nella capitale d'Italia 25.000 'camicie nere' (la camicia nera è la divisa dei fascisti) e chiedono al re Vittorio Emanuele II la guida politica del Paese. Due giorni dopo, il Re dà a Mussolini il compito di formare il nuovo governo. Inizia così il cosiddetto *Ventennio fascista* cioè il periodo di potere fascista in Italia che dura circa 20 anni (Mussolini resta presidente del consiglio fino al 1943, ma il Fascismo termina nel 1945, anno della morte di Mussolini). In realtà, in quel 28 ottobre a Roma ci sono più di 25.000 soldati con l'ordine di sparare e difendere la città: i fascisti che arrivano a Roma non sono soldati, molti di loro sono persone che arrivano dalla campagna o da piccole città italiane, pieni di ingenuo entusiasmo per Mussolini ma non pronti a combattere. Il Re però non dà all'esercito l'ordine di sparare e due giorni dopo Mussolini è primo ministro.

5 • Inserisci correttamente le battute di Federico nel dialogo.

ALBERTO	FEDERICO
– Non posso più scrivere, Federico, grazie ai tuoi amici fascisti. – ☐ – Sì, posso scrivere solo quello che volete voi. Ma io voglio dire la verità! – ☐ – Ancora per poco! – grida Alberto – Io parto! ... Con Flora! – ☐ – Te? Ma cosa dici? – ☐	1. La verità? La verità è che puoi ancora scrivere perché io sono nel partito fascista! Questa è la verità, Alberto! 2. Vedremo chi ama Flora, fratellino mio, lo vedremo presto! 3. Cosa? Ma cosa dici? Puoi scrivere nei nostri giornali. 4. Ah sì, certo, la tua amica ebrea! Una bella coppia! Mi dispiace, fratellino, però Flora ama me!

6 • Completa il testo con i verbi al passato prossimo o all'imperfetto.

Mentre Teresa parla, Flora pensa ai fratelli Leonetti: Flora e Alberto hanno la stessa età,
(*frequentare*) _____ la stessa scuola, la loro è un'amicizia molto speciale.
Ma un giorno, a sorpresa, Federico (*invitare*) _____ Flora al cinema: da quel
giorno tutto (*cambiare*) _____. Flora (*iniziare*) _____ a
uscire con i due fratelli, una volta con Alberto e una volta con Federico, ma tutti e tre (*sapere*)
_____ che quella situazione non (*potere*) _____ durare a lungo.

Benito Mussolini
dopo la Marcia su Roma

B - MUSSOLINI, IL "DUCE"

Benito Mussolini (1883-1945) è famoso per essere il capo
del partito fascista, ma in gioventù era socialista. Nel 1912
è direttore del giornale del Partito Socialista, ma già nel
1914 fonda un suo giornale e si allontana dai socialisti. Nel
1919 fonda i Fasci italiani di combattimento, un movimento
politico che fa spesso uso della violenza contro gli avversari:
è il cosiddetto fenomeno dello *squadrismo*, nome che viene
dalla parola *squadra*, cioè gruppo di persone – in questo
caso fascisti – che aggrediscono quelli che considerano i loro
nemici politici. Nel 1921 nasce il Partito Nazionale Fascista,
e naturalmente il capo (o *duce*, dalla parola latina 'dux', che
significa 'guida', 'capo militare') è Benito Mussolini. Con la
Marcia su Roma, Mussolini diventa Presidente del Consiglio,
ma preferisce il titolo di Duce, parola che gli italiani gridano
durante i discorsi di Mussolini per manifestare il loro
entusiasmo e il loro supporto.

7 • Completa i testi con le frasi della lista.

> **a.** quanto piccolo e stretto | **b.** le statue del dittatore | **c.** secondo l'architettura fascista
> **d.** faceva i suoi discorsi al popolo italiano | **e.** palazzi e monumenti costruiti
> **f.** tre importanti costruzioni

IL BALCONE DI PIAZZA VENEZIA

Piazza Venezia è una delle piazze più famose di Roma: qui ci sono (1)_____
della storia millenaria della capitale: la Colonna Traiana, del secondo secolo dopo Cristo; il
Vittoriano, un grande monumento in onore del re Vittorio Emanuele II, e Palazzo Venezia,
un antico palazzo del '400 famoso anche perché dal 1929 al 1943 è stato il quartier generale
di Benito Mussolini. Ed è proprio dal **balcone centrale di Palazzo Venezia** che Mussolini
(2)_____: quello più importante è stato il discorso del 10 giugno 1940,
quando Mussolini ha annunciato che l'Italia entrava in guerra insieme alla Germania di Hitler.
Il visitatore che si aspetta di vedere un grande balcone, però, rimarrà deluso: il balcone di
Palazzo Venezia è tanto carico di storia, (3)_____!

I MONUMENTI FASCISTI IN ITALIA

Quando finisce una dittatura, di solito la popolazione distrugge (4) _____
e i monumenti che ricordano il suo potere. È successo anche in Italia dopo il Fascismo,
ma non completamente: infatti è facile trovare, in ogni città italiana, (5) _____
in età fascista e con i simboli del Fascismo in vista: sono spesso municipi (cioè i palazzi
del 'governo' della città), tribunali, ma anche interi quartieri: a Roma, il quartiere EUR
contiene molti edifici costruisti negli anni Trenta, tra cui il famoso "**colosseo quadrato**".
Lo stesso vale per molte aree dedicate allo sport (il famoso Foro Italico a Roma, per esempio,
dove c'è un **obelisco** con la scritta DUX), piazze e **monumenti per i soldati morti nella Prima
Guerra Mondiale**. Vicino a Roma c'è **Latina**, un'intera città costruita (6) _____!
Non è stato quindi possibile cancellare completamente le tracce del Fascismo e molti edifici
hanno ancora la stessa funzione di allora.

8 • Leggi di nuovo i testi del punto 7 e abbina le parole **evidenziata** alle fotografie.

a.

_____

b.

_____

c.

_____

d.

_____

e.

_____

f.

_____

IL MANIFESTO DELLA RAZZA

Il Ventennio Fascista è passato alla storia come un periodo di violenze, di cancellazione della libertà di pensiero e di parola, di complicità criminale con il nazismo di Hitler in Germania. Nell'estate del 1938 appare sui giornali italiani un documento chiamato *Manifesto della razza*: secondo questo documento, gli ebrei non sono più cittadini italiani, sono vietati i matrimoni "misti" (cioè tra ebrei e non ebrei) e gli ebrei non possono più lavorare, soprattutto nelle scuole e nelle università. Dal settembre dello stesso anno, molti intellettuali e scienziati di origine ebraica lasciano l'Italia (vanno soprattutto in Gran Bretagna e negli Stati Uniti). Ma l'anno terribile per gli ebrei italiani è il 1943, quando avviene il *rastrellamento* del quartiere ebraico di Roma (il "ghetto"): i soldati tedeschi prendono circa 1200 ebrei, quasi tutti partono direttamente per il campo di sterminio di Auschwitz. Tornano solo in 12.

9 • Abbina le parole al loro significato.

a. matrimonio misto

b. rastrellamento

c. ghetto

d. Ventennio

e. intellettuale

1. Periodo di venti anni.

2. Unione tra persone di origini diverse.

3. Quartiere ebraico.

4. Persona che lavora nella cultura o nell'educazione.

5. Cercare e trovare persone con la violenza per poi catturarle.

10 • Scegli la preposizione giusta.

Federico prende la mano **di / su / a** Flora. Ma **nel / sul / in** quel momento Federico sente delle voci fuori del suo ufficio: la porta si apre ed entra Alberto.

– Allora è vero! – dice Alberto. – Flora, sei qui!
– Alberto! – dice Flora – Lui ha... mandato i suoi uomini **nella / a / nel** casa nostra e...
– So tutto. – dice Alberto – Ho avuto la notizia **da / di / per** un collega giornalista che lavora qui. Federico, ma che cosa vuoi fare?
– Alberto, tu non c'entri niente **in / su / a** questa storia, – dice Federico – è una questione **in / con / tra** me e Flora... Ma adesso sono io che decido, non Flora!
– Basta, Federico! – dice Alberto.

Alberto prende da una tasca della giacca una pistola. Federico lo guarda **in / negli / sugli** occhi e parla lentamente:

– Adesso tu metti la pistola **sul / al / nel** tavolo e torni a casa da papà, va bene? Io e Flora staremo benissimo insieme, parleremo... dei vecchi tempi.

Un uomo e una donna con divise d'epoca durante una rievocazione del 25 aprile.

RESISTENZA

Durante la Seconda Guerra Mondiale, molti italiani e italiane combattono contro i fascisti e i nazisti: queste donne e questi uomini non sono soldati, ma partigiani, cioè persone comuni senza preparazione militare. I partigiani vivono spesso in montagna e combattono in piccoli gruppi. Le donne combattono insieme agli uomini, ma hanno anche un ruolo particolare: quello di "staffette", cioè devono portare documenti, armi o materiali da un gruppo di partigiani a un altro. Questa è la storia di una di loro.

traccia 5

È il 18 dicembre 1943.

Carla si prepara al suo primo Natale come partigiana.

Dopo l'8 settembre, come molti altri, è andata a vivere in montagna per combattere contro i fascisti e i nazisti che occupano ancora una parte dell'Italia. Carla ha 18 anni e, proprio perché è giovane, i partigiani hanno pensato a lei per fare la "staffetta": deve portare i messaggi dei suoi compagni alla cittadina di Marzabotto, dove c'è un dottore che aiuta i partigiani. Oggi Carla deve portare i messaggi e prendere delle medicine dal dottore.

– Sarà un inverno freddo. – le ha detto il dottor Morico, che conosce Carla da quando è bambina.

– Sì, dottore. Abbiamo già qualche compagno malato.

– Lo so. Resistete. Vedrete che presto tutto finirà.

– Speriamo... – ha detto Carla.

Carla intanto mette le medicine nella sua borsa.

– Prendi solo poche medicine. Ci sono molti soldati tedeschi sulle strade.

– Sì, va bene. Torno domani per prendere le altre.

– Sei una brava ragazza. Una ragazza coraggiosa.

– Faccio quello che si deve fare. – ha detto solo Carla, e poi è salita sulla sua bicicletta per tornare a Codivilla, il piccolo paese dove l'aspetta il cugino Rodolfo.

Per andare a Codivilla c'è solo una strada. "Spero di non trovare i tedeschi", pensa Carla. Dopo un chilometro, vede da lontano le divise grigie dei soldati tedeschi. Rallenta. I soldati sono tre: due fumano e ridono vicino alla loro auto, l'altro è sulla strada con il mitragliatore e guarda a destra e a sinistra. Carla alza la testa e guarda avanti. I soldati sono a meno di 300 metri. 200. 150. Il soldato con il mitragliatore la vede, dice qualcosa agli altri due. Uno dei due spegne la sigaretta e la guarda. 100 metri. 50. I soldati tedeschi dicono qualcosa nella loro lingua e ridono forte. Ma non la fermano.

MITRAGLIATORE

Dopo poco più di un'ora, Carla arriva a Codivilla. C'è suo cugino Rodolfo.

– Tutto bene? – le chiede.

– Sì. – dice Carla, e dà al cugino le medicine del dottor Morico.

– Hai incontrato qualcuno?

– Tre soldati tedeschi sulla strada. Ma non mi hanno fermata.

– Bene. Andiamo.

NOTE

8 settembre È la data dell'armistizio, cioè dell'accordo tra Italia e alleati (Inghilterra e USA). Vedi testo a pagina 55.

Rallenta
(inf. *rallentare*): diminuisce la velocità; va più piano.

spegne
(inf. *spegnere*): il contrario di *accende*.

Da Codivilla, Carla e Rodolfo camminano fino alla casa in montagna dove vivono i partigiani. Carla abita in una piccola casa vicino: è una casa molto piccola, c'è solo la cucina, il bagno e una stanza con un letto e un piccolo armadio. Dietro la casa c'è una piccola capanna di legno dove Carla ha messo le cose di quando era piccola. La chiama: la "casa di Bambina", perché c'è anche

CAPANNA

una sua vecchia bambola che Carla chiamava

BAMBOLA

Bambina.
Quando Carla e Rodolfo arrivano, trovano i partigiani intorno a un uomo. L'uomo ha la divisa tedesca: un prigioniero.

– Guardate cosa abbiamo trovato! – dice Lupo (tutti lo chiamano così, ma in realtà il suo nome è Francesco).
– Cosa volete fare? – chiede Rodolfo.
– Che domanda! Lo uccidiamo, no? – risponde Lupo. Il partigiano ha un coltello e guarda il soldato tedesco.

COLTELLO

Il tedesco è un ragazzo, come loro. È senza scarpe. Ha le mani legate e dice sempre la stessa cosa:

LEGATE

– Non sono un nazista, sono un disertore!
– Sì, certo. – dice Lupo – E io sono Mussolini!

Tutti ridono. Lupo guarda il soldato tedesco e poi guarda il coltello. Il tedesco grida:

– Non sono un nazista! Mia nonna era italiana! Io non voglio combattere! Non voglio morire!
– Non possiamo ucciderlo. – dice Rodolfo.
– E perché no? – chiede Lupo.
– Non possiamo ucciderlo così. È un prigioniero.
– È un nemico! Era vicino alla nostra casa! È venuto qui per comunicare la nostra posizione ai suoi amici!
– No! – grida il tedesco. – Io non sono arrivato qui per fare la spia! Sono venuto qui per essere vostro prigioniero! Non voglio combattere! Se i miei compagni mi prendono, mi uccidono!
– Non possiamo ucciderlo così. – ripete Rodolfo.
– Da quando decidi tu? Tu non sei il nostro capo, Rodolfo. – dice Lupo.
– Neanche tu.

Presto si formano due gruppi: un gruppo vuole uccidere il tedesco, l'altro gruppo non vuole.

– Ho una proposta. – dice Carla.

NOTE

uccidiamo
(inf. *uccidere*):
togliamo la vita.

disertore: soldato che rifiuta di combattere.

Tutti la guardano: Carla non parla quasi mai, soprattutto dopo la morte dei genitori e dei fratelli.

– Aspettiamo fino a domani. Voi intanto ne parlate tra voi. Lui resta da me. Lo metto nella casa di Bambina, legato. Domani mattina mi dite cosa avete deciso. Se decidete di ucciderlo, lo uccido io. Se invece rimane nostro prigioniero, resta nella casa di Bambina. Gli do io da mangiare e da bere.

I partigiani accettano la proposta di Carla e chiudono il tedesco nella casa di Bambina. Carla va nella casa dei partigiani e prepara il pranzo. Il pomeriggio va alla casa di Bambina con un po' di pane, del formaggio e una bottiglia di vino.

– Ti ho portato da mangiare. – dice al tedesco.
– Grazie! Pane e formaggio! Grazie!

Il ragazzo mangia veloce, ha molta fame.

– Mi chiamo Hans. – dice. – Mia nonna è italiana, di Novara! Ha conosciuto mio nonno in Svizzera.
– Non mi interessa la tua famiglia. E poi sicuramente non è vero.
– No, è vero! Io sono uno studente, come si dice... di architettura. L'Italia per me non è un paese nemico, ma un paese meraviglioso, pieno di arte e di bellezza... Io non voglio uccidere...
– Mangia e non parlare. – dice Carla, nervosa.
– Io non voglio uccidere... – ripete Hans.

Carla si alza. Lascia il cibo e il vino per terra.

– Tu parli troppo! Quando parli, capisco perché i miei compagni ti vogliono uccidere.

Poi chiude la porta con la chiave e torna nella sua casa. Dorme qualche ora e si sveglia solo per tornare a cucinare la cena per i suoi compagni partigiani, che discutono tra loro se uccidere o no il tedesco. Ancora non hanno deciso. Carla mangia con loro in silenzio e poi porta un po' di cibo ad Hans.

– Allora? Mi ucciderete? – domanda Hans.
– Sono venuta a portarti la cena. Ma ti do da mangiare solo se non parli. – gli dice.

Hans dice sì con la testa. Alla fine, mentre Carla si alza, lui dice:

– Tu ti chiami Carla, vero?

Carla lo guarda e non risponde, poi esce. Il giorno dopo, fa molto freddo. Sono le sei e mezza di mattina. Carla si sveglia e sente dei rumori in cucina. Si alza e prende il fucile.

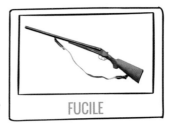

FUCILE

– Chi c'è? – dice. Entra in cucina.

Non può credere ai suoi occhi: Hans è in cucina e prepara la colazione.

> – Cosa fai tu qui? – grida Carla – Mani in alto!
> – No no! – sorride Hans. – Vedi? Non ho armi! Ti ho preparato la colazione! Ti piacciono le uova?
> – Tu sei pazzo, alza le mani, ho detto! In alto!

MANI IN ALTO

Hans alza le mani.

> – Sì, va bene, le mani in alto, ma non capisci? Io non voglio la guerra, non voglio uccidere nessuno!
> – Tu sei pazzo. – dice Carla – Adesso chiamo Lupo e quello ti ammazza subito.
> – Io... non voglio combattere, Carla. – ripete il tedesco.

Carla sente delle voci dalla casa dei partigiani. Ha capito che hanno deciso e stanno arrivando. Guarda Hans. Anche Hans ha capito, e adesso ha paura.

> – La mia bicicletta. – dice Carla.
> – Cosa?
> – La mia bicicletta è qui dietro. Prendila e vai via da qui. Subito.
> – Adesso? – chiede Hans. – Ma è presto, fa freddo!
> – Vuoi morire di freddo o vuoi morire ammazzato?

Hans non sa cosa dire. Poi apre la porta, esce e prende la bicicletta di Carla.

> – Vai a Marzabotto. – dice Carla – È qui a meno di un'ora. Parli bene italiano, non penseranno subito che sei tedesco. Vai dal dottor Morico. Gli dici che sei un... amico di Carla.
> – Allora siamo amici?
> – Zitto! Gli dici chi sei. Lui forse ti può aiutare. E adesso vai.

Bologna, 1952. La guerra è finita, non ci sono più nazisti e fascisti, i tedeschi non sono più nemici. Adesso vengono in Italia per turismo. Carla cammina per via Zamboni con un'amica. Sente una voce:

> – Carla! Sei tu?

È la voce di Hans, che sorride. Ha una macchina fotografica in mano e con l'altra saluta Carla. Anche Carla riconosce Hans e sorride.
Dal 25 aprile 1945, è la seconda volta che Carla fa un sorriso. Un sorriso vero.

E questa è la storia di come si sono conosciuti mia nonna Carla e mio nonno Hans.

NOTE

ammazza
(inf. *ammazzare*):
sinonimo di *uccide*.

Zitto!: non devi parlare!

25 aprile 1945
La festa della Liberazione italiana. Vedi testo a pagina 55.

1 • Vero o falso?

	V	F
1. Carla vive con dei partigiani.	☐	☐
2. Il dottore dà a Carla delle armi.	☐	☐
3. I soldati tedeschi fermano Carla.	☐	☐
4. Il prigioniero tedesco parla italiano.	☐	☐
5. Rodolfo non è d'accordo con Lupo.	☐	☐
6. Carla vuole uccidere il prigioniero.	☐	☐
7. Hans non vuole fare la guerra.	☐	☐
8. Carla libera Hans.	☐	☐
9. Carla dice ad Hans di scappare con la sua bicicletta.	☐	☐
10. Dopo la guerra, Hans torna in Italia in bicicletta.	☐	☐

2 • Ricostruisci le frasi.

1. Per andare a Codivilla	a. vuole uccidere il tedesco.
2. Dietro la casa	b. prepara la colazione.
3. Un gruppo	c. c'è solo una strada.
4. I partigiani	d. per via Zamboni con un'amica.
5. Hans è in cucina e	e. c'è una piccola capanna di legno.
6. Carla cammina	f. accettano la proposta di Carla.

3 • Completa il testo con le parole della lista.

montagna | staffetta | medicine | partigiana | fascisti | messaggi

È il 18 dicembre 1943. Carla si prepara al suo primo Natale come_____.
Dopo l'8 settembre, come molti altri, è andata a vivere in _____ per combattere
contro i _____ e i nazisti che occupano ancora una parte dell'Italia. Carla ha 18 anni
e, proprio perché è giovane, i partigiani hanno pensato a lei per fare la "_____": deve
portare i _____ dei suoi compagni alla cittadina di Marzabotto, dove c'è
un dottore che aiuta i partigiani. Oggi Carla deve portare i messaggi e prendere delle
_____ dal dottore.

4 • Indica se le parole <u>sottolineate</u> nel testo sono sinonimi (S) o contrari (C) delle parole nella colonna a destra.

		S	C
Il ragazzo mangia <u>veloce</u>, ha molta fame.	1. lento	☐	☐
– Mi chiamo Hans. – dice. – Mia nonna è italiana, di Novara! Ha conosciuto mio nonno in Svizzera.			
– Non mi interessa la tua famiglia. E poi <u>sicuramente</u> non è vero.	2. certamente	☐	☐
– No, è vero! Io sono uno studente, come si dice... di architettura. L'Italia per me non è un paese nemico, ma un paese <u>meraviglioso</u>, pieno di arte e di bellezza...	3. bellissimo	☐	☐
Io non voglio <u>uccidere</u>...	4. ammazzare	☐	☐
– Mangia e non parlare. – dice Carla, <u>nervosa</u>.	5. calma	☐	☐
– Io non voglio uccidere... - ripete Hans.			
Carla si alza. Lascia il cibo e il vino <u>per terra</u>.	6. sul pavimento	☐	☐
– Tu parli troppo! Quando parli, <u>capisco</u> perché i miei	7. comprendo	☐	☐
<u>compagni</u> ti vogliono uccidere.	8. amici	☐	☐

5 • Ricostruisci il dialogo inserendo le frasi nella posizione corretta.

Hans ☐

Rodolfo Non possiamo ucciderlo.

Lupo ☐

Hans ☐

Rodolfo ☐

Lupo ☐

Rodolfo ☐

1. E perché no? È un nemico! Era vicino alla nostra casa! È venuto qui per comunicare la nostra posizione ai suoi amici!

2. Neanche tu.

3. Non possiamo ucciderlo così. È un prigioniero.

4. Da quando decidi tu? Tu non sei il nostro capo, Rodolfo.

5. No! Io non sono arrivato qui per fare la spia! Sono venuto qui per essere vostro prigioniero! Non voglio combattere! Se i miei compagni mi prendono, mi uccidono!

6. Non sono un nazista! Mia nonna era italiana! Io non voglio combattere! Non voglio morire!

6 • Leggi i testi in basso e indica se le frasi che seguono si riferiscono a Matteotti (M), Gramsci (G) o a Rosselli (R).

	M	G	R
1. È legato al Partito Comunista Italiano.	☐	☐	☐
2. Fa un discorso contro il Fascismo in Parlamento.	☐	☐	☐
3. Ha insegnato Economia.	☐	☐	☐
4. In prigione ha scritto un'opera importante.	☐	☐	☐
5. I fascisti lo uccidono insieme al fratello.	☐	☐	☐
6. È stato deputato socialista.	☐	☐	☐

L'ANTIFASCISMO

Giacomo Matteotti (1885-1924) Giornalista e politico italiano, è stato forse la prima vittima importante dell'antifascismo, cioè quel movimento di persone contrarie al Fascismo che spesso hanno pagato con la vita la loro scelta politica. Giacomo Matteotti è stato deputato socialista dal 1919 al 1924 e già nel 1921 denuncia le violenze dello squadrismo fascista prima delle elezioni politiche di quell'anno. Ma nel 1922 il Fascismo va al potere e il 30 maggio 1924 Matteotti fa un discorso molto duro in cui chiede di annullare il risultato delle elezioni di quell'anno, perché i fascisti avevano usato la violenza per avere più voti. L'11 giugno si diffonde la notizia della morte di Matteotti, ucciso da un gruppo di fascisti. Rimangono famose le ultime parole del suo discorso al Parlamento: "Potete uccidere me, ma l'idea che è in me non morirà mai."

Antonio Gramsci (1891-1937) Gramsci è stato uno dei più grandi intellettuali italiani: giornalista, politico e filosofo, nel 1921 è stato tra i fondatori del Partito Comunista Italiano. Nel 1924 è deputato in Parlamento e ascolta il discorso di Matteotti. Anche Gramsci è naturalmente antifascista e quando, nel 1926, il Partito Fascista scioglie tutti i partiti di opposizione e chiude i giornali non fascisti, Gramsci è una delle vittime della repressione: entra in carcere e dopo alcuni anni si ammala. Muore a soli 46 anni.
Una delle sue opere più importanti sono proprio i suoi *Quaderni del carcere*, scritti durante la prigionia.

Carlo Alberto Rosselli (1899-1937) Giornalista e filosofo, Carlo Rosselli è stato, con il fratello Nello, molto attivo nel movimento antifascista. Era vicino alle posizioni socialiste e ha insegnato Economia all'Università Bocconi di Milano e poi a Genova. Per la sua attività antifascista ha perso il lavoro, poi è andato in carcere e infine al confino a Lipari, una piccola isola della Sicilia. Rosselli riesce a scappare nel 1929 e va a Parigi, dove continua la sua attività antifascista insieme ad altri intellettuali italiani. Nel 1937, uomini legati al regime fascista uccidono Carlo e il fratello Nello in una città della Normandia. Ancora oggi, nelle città italiane ci sono vie e piazze dedicate ai fratelli Rosselli.

7 • Completa i testi con le frasi date.

a. è anche chiamato "anniversario della Resistenza"
b. diventa alleata di Stati Uniti e Inghilterra
c. il canale nazionale della radio italiana trasmette un messaggio
d. e senza istruzioni su cosa fare | **e.** la liberano dall'occupazione nazista
f. il governo chiama gli italiani a decidere

8 SETTEMBRE: PERCHÉ È UNA DATA STORICA?

L'8 settembre 1943, alle ore 19:42, (1) ____ importante del primo ministro Pietro Badoglio, che comunica l'armistizio dell'Italia con le forze alleate anglo-americane. In pratica, l'Italia, fino a pochi giorni prima alleata con la Germania di Hitler (2)____, da quel giorno nostri ex nemici. Dopo la comunicazione via radio, Badoglio e il re Vittorio Emanuele II lasciano in fretta Roma e non danno nessun ordine all'esercito, che si trova da un giorno all'altro nemico dei tedeschi (3) ____. Il risultato è che gran parte dell'Italia del Nord e del Centro – compresa la capitale, Roma – cade nelle mani di Hitler e l'esercito tedesco fa prigionieri oltre mezzo milione di soldati italiani. Il Re perde la fiducia del popolo italiano, la Germania nazista considera gli italiani traditori e nemmeno gli Stati Uniti si fidano di un Paese che ha dimostrato di non rispettare le alleanze.

25 APRILE E 2 GIUGNO: DUE FESTE NAZIONALI ITALIANE

Il 25 aprile 1945, i partigiani italiani entrano a Milano e (4) ____: tre giorni dopo, l'uccisione di Mussolini segna la fine definitiva del Ventennio fascista. Dal 1946, il 25 aprile è una festa nazionale italiana ed (5) ____, perché con la fine del Fascismo termina l'azione militare della Resistenza italiana, che però continua nella politica: molti protagonisti della Resistenza, infatti, formano il nuovo governo italiano che scrive la Costituzione. Il 2 giugno 1946, (6) ____ in un referendum popolare se vogliono ancora il Re: gli italiani votano no e per questo motivo anche il 2 giugno è festa nazionale, cioè la Festa della Repubblica.

Un momento della festa del 2 giugno a Roma.

Anche nel tuo Paese c'è sicuramente una festa nazionale simile al 2 giugno o al 25 aprile.
Scrivi un breve testo dove immagini di descrivere a un'amica o a un amico straniero questa festa (perché si festeggia quel giorno, cosa si fa nel giorno di festa, ecc.).

_____
_____
_____
_____

Bella ciao e le sue traduzioni in altre lingue

C'è una canzone legata alla Resistenza che è ancora molto famosa in Italia: *Bella ciao*.
Con il tempo, la canzone è diventata famosa in altri Paesi del mondo come canto per la libertà.
Ci sono versioni in arabo, turco, inglese, giapponese, spagnolo e in molti paesi, nelle
manifestazioni popolari, si ascolta questa canzone.

Questo è il testo di *Bella ciao*. Completalo con le parole della lista (tra parentesi, il numero
di volte che si ripetono).

Una _____ mi sono svegliato
O bella ciao, bella ciao, bella ciao ciao ciao
Una _____ mi sono svegliato
Ed ho trovato l'invasor

O _____ portami via
O bella ciao, bella ciao, bella ciao ciao ciao
O _____ portami via
Che mi sento di morir

E se io muoio da _____
O bella ciao, bella ciao, bella ciao ciao ciao
E se io muoio da _____
Tu mi devi seppellir

E seppellire lassù in _____
O bella ciao, bella ciao, bella ciao ciao ciao
E seppellire lassù in _____
Sotto l'ombra di un bel _____

E le genti che passeranno
O bella ciao, bella ciao, bella ciao ciao ciao
E le genti che passeranno
Mi diranno: che bel _____

È questo il _____ del _____
O bella ciao, bella ciao, bella ciao ciao ciao
È questo il _____ del _____
Morto per la _____.

fiore (4)
mattina (2)
libertà (1)
partigiano (5)
montagna (2)

La FIAT 500, uno dei simboli del *boom economico* italiano.

ANNI SESSANTA

traccia 6

Negli anni Sessanta l'Italia vive un periodo molto positivo che gli italiani chiamano "boom economico": un periodo di grande sviluppo economico e ricchezza. Le industrie più importanti (FIAT, Ferrero, Olivetti, ecc.) sono nel Nord Italia e hanno bisogno di lavoratori: milioni di persone allora partono dal Sud del Paese, più povero, per cercare lavoro al Nord. All'inizio la vita dei meridionali (cioè le persone del Sud) nelle grandi città del Nord non è una vita facile, perché le differenze tra Nord e Sud nell'Italia degli anni Sessanta sono molto grandi e i meridionali si sentono come stranieri nel loro Paese.

Sicilia, 1961.

Solo quando la nave parte da Messina, Vito Caruso capisce di essere veramente partito: dal suo paese ha preso il bus fino ad Agrigento, e poi da Agrigento il treno fino a Messina. A Messina ha messo le valigie nel treno per Torino. Poi i ferrovieri hanno messo il treno dentro la nave che attraversa lo stretto di Messina: è una bella giornata di settembre, fa ancora caldo a Messina e Vito guarda la città dalla nave. La nave parte, e Vito sente una grande tristezza. Ama molto la Sicilia, ma non può più vivere lì.

– Ma che vai a fare al Nord...? – gli ha detto suo fratello Carmelo, quando ha saputo della partenza. – Lì fa freddo, e anche la gente è fredda...
– Lo so, Carmelo, ma là c'è lavoro. – ha risposto Vito.
– Anche qui puoi lavorare. – gli ha detto Carmelo.
– Sì, da zio Tonino. A fare il pane a Racalmuto.
– E che hai contro il pane? Non ti piace? O non ti piace Racalmuto?
– Sì, mi piace il pane, Carmelo, ma voglio fare altro, voglio viaggiare: il mondo è grande!

MOTORI

Vito infatti ha saputo che alla FIAT cercano operai, e lui con i motori è bravissimo. Il viaggio in treno è lungo, ma finalmente il mattino dopo Vito arriva a Torino, la città della FIAT. Vito ha in mano un foglio con un indirizzo: è la pensione del cugino del farmacista di Racalmuto, dove Vito è andato prima di partire per comprare qualche aspirina.

– Mio cugino Salvatore vive a Torino. – gli ha detto il farmacista. – Ha una piccola pensione molto economica. Questo è l'indirizzo. Non è facile trovare un appartamento o una stanza a Torino, per noi.
– Per noi chi? Che cosa significa?
– Vedrai. – ha detto il farmacista, in modo misterioso.

Vito arriva alla pensione e quando dice il nome del farmacista, arriva Salvatore, un uomo di circa quarant'anni:

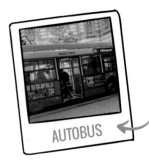

AUTOBUS

– Allora tu sei Vito! Mio cugino mi ha parlato di te! Puoi restare quanto vuoi, qui!
– Grazie, Salvatore, sei gentile. La FIAT è lontana da qui?
– Non molto: devi prendere un tram e poi un autobus.
– Ah... allora è lontana...
– Ma no, vedrai: Torino è grande, è normale metterci mezz'ora o quaranta minuti per andare al lavoro!
– Quaranta minuti? Io in quaranta minuti vado da Racalmuto ad Agrigento!

NOTE

ferrovieri: persone che lavorano nei treni e nelle stazioni ferroviarie.

stretto di Messina: il mare che divide Sicilia e Calabria.

operai: lavoratori di una fabbrica.

pensione: albergo economico.

Il giorno dopo, Vito va alla FIAT, che è grande come una città, e infatti dentro ci sono strade e cartelli che dicono dove andare: DIREZIONE, UFFICIO PERSONALE, AMMINISTRAZIONE... è come entrare in una città nella città. Alla sera, torna alla pensione con un grande sorriso.

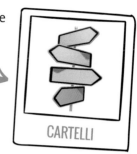

CARTELLI

– Allora? – chiede Salvatore.
– Salvatore, mi hanno preso! Comincio la prossima settimana!
– Congratulazioni! Allora dobbiamo festeggiare!

Vito telefona subito a casa, alla madre. Risponde il fratello Carmelo:

– Pronto, Carmelo! – grida Vito – Ti devo dare una bella notizia: mi hanno preso alla FIAT! Inizio la prossima settimana!
– Davvero? – dice Carmelo – complimenti, Vito! È proprio una bella notizia! Ma dimmi, dimmi: com'è Torino?
– È grande, Carmelo, grandissima! Non puoi immaginare quanto! Pensa che ci metto quaranta minuti per arrivare alla FIAT!
– E le donne? Come sono le donne? Sono tutte bionde, vero? Sono tutte belle?
– Ma no! – ride Vito – Non sono tutte bionde! Ci sono bionde, castane, more...
– More! Come da noi!
– Sì, sì! Però qui fumano! Per strada, capisci?
– Cosa? Fumano? Non è possibile!

Ma dopo la prima settimana di lavoro, Vito torna alla pensione silenzioso e stanco: mangia velocemente qualcosa e poi va a dormire. Ogni giorno fa le stesse cose. Una sera, Salvatore si siede al suo tavolo:

– Allora, Vito, che è successo? Non ti piace il lavoro?
– Non so... – dice Vito – Mi hanno messo insieme ad altri operai a lavorare a una grande macchina, dobbiamo fare solo una cosa, la stessa cosa tante volte, tutto il giorno... La chiamano "catena di montaggio". Io pensavo di riparare motori...

Passano i giorni, le settimane, i mesi. Dopo i primi mesi di lavoro, Vito inizia a cercare un appartamento dove vivere, ma non è facile: in molti annunci trova la scritta: NON SI AFFITTA AI MERIDIONALI e anche quando non c'è scritto, i torinesi trovano sempre qualche scusa per non dargli l'appartamento. Intanto ha conosciuto Assunta, una cugina di Salvatore: Assunta ha 19 anni, è di origini siciliane, ma vive a Torino da quando ha sette anni e aiuta Salvatore nella pensione. Quando i genitori di Assunta hanno saputo che Vito veniva da Racalmuto e lavorava alla FIAT, hanno mandato Assunta a portargli il caffè a colazione tutte le mattine e l'amaro la sera dopo la cena. Assunta è una bella ragazza e una sera lei e Vito hanno parlato a lungo, dopo la cena. Poi anche la sera dopo, e quella dopo ancora. Dopo alcune settimane, hanno deciso di fidanzarsi.

NOTE

amministrazione: ufficio che si occupa delle questioni economiche.

festeggiare: fare festa.

castane: marrone (termine usato per capelli e occhi).

more: termine usato per persone con i capelli di colore nero.

catena di montaggio: metodo di lavoro monotono e ripetitivo.

riparare: aggiustare, risolvere un problema meccanico.

scusa: pretesto, motivo inventato.

amaro: il contrario di *dolce*. In questo caso, liquore italiano tipico del dopo cena.

fidanzarsi: diventare fidanzati. Promettere di sposarsi.

– Assunta, – ha detto una sera Vito, mentre camminavano nel centro di Torino – devo trovare un appartamento qui a Torino. Poi ci sposiamo e andiamo a vivere insieme.

– Vito! – ha sorriso la ragazza – Vuoi dire che mi vuoi sposare?

– Certo che voglio sposarti! Ma prima devo trovare un appartamento. Qui nessuno vuole affittare ai meridionali. Il farmacista aveva ragione.

– Ma Vito, – ha detto Assunta – non è meglio fare il contrario? Prima ci sposiamo e poi troviamo un appartamento. A una giovane coppia lo daranno più facilmente! O forse... potremo comprarlo.

– Comprarlo? E con quali soldi, Assunta? Lavoro alla FIAT, ma non sono Agnelli!

– I miei genitori possono aiutarci. – ha detto Assunta. – Domani parlo con papà. Vedrai, lui troverà una soluzione.

E così è stato: Assunta e Vito si sposano il 22 maggio 1962, in Sicilia. Non possono fare il viaggio di nozze perché Vito non ha le ferie, però il regalo di nozze è speciale: i genitori di Vito e quelli di Assunta, insieme, aiutano i due sposi a comprare un appartamento a Torino, proprio vicino alla FIAT.

Passa un anno. Una mattina Vito scende dal tram e vede poco lontano una bella macchina ferma, con un uomo elegante in piedi che guarda il motore. Vito conosce bene quella macchina.

– Che bella, – dice Vito all'uomo elegante – è una FIAT 1600 coupé, nuovissima! Le abbiamo fatte da poco!

– Bella sì, – dice l'uomo elegante – ma non parte più! E ho un appuntamento importante tra dieci minuti! E poi tu chi sei? Perché dici "le abbiamo fatte"?

– Beh, io lavoro alla FIAT. – dice Vito.

– Ah davvero! Anche io lavoro alla FIAT, ma non capisco niente di motori. Io devo fare i conti, non le macchine! – dice l'uomo.

– Scusi, posso? – chiede Vito e indica il motore – Forse è una sciocchezza...

INDICA
(inf. indicare)

Vito guarda con attenzione il motore ("che bel motore!" pensa) e capisce qual è il problema. Dopo pochi minuti il suo lavoro è finito.

– Dottore, – dice Vito – forse adesso la macchina parte.

L'uomo elegante entra nell'auto e prova ad accendere il motore. La macchina parte!

NOTE

Agnelli Gianni Agnelli, presidente della FIAT. Vedi testo a pagina 64.

viaggio di nozze: viaggio per festeggiare il matrimonio.

ferie: giorni di riposo che ogni lavoratore ha per contratto.

fare i conti: calcolare; in questo caso: lavorare nell'economia.

sciocchezza: cosa facile, che non dà problemi.

Dottore: modo di chiamare una persona in segno di rispetto.

accendere: avviare, far partire.

– Ma Lei è un genio! – dice il signore elegante.

Vito pensa: "Adesso non mi dà più del tu: sono diventato importante, per lui."

– Lei è un grande meccanico! – dice l'uomo elegante –

MECCANICO

Ora posso andare all'appuntamento, è un appuntamento importantissimo con l'avvocato Agnelli! Come si chiama?
– Vito Caruso, lavoro alla catena di montaggio.
– Scrivo il Suo nome nell'agenda, anch'io voglio fare qualcosa per Lei! Grazie, Caruso, ci vediamo presto!

Il giorno dopo, l'uomo elegante – che si chiama Baretti e lavora nell'amministrazione della FIAT – va all'ufficio del personale e parla di Vito. Due giorno dopo quell'incontro, Vito può dare la grande notizia ad Assunta:

– Assunta! – dice Vito appena entrato in casa – ho una notizia incredibile!
– Anch'io, – sorride Assunta – ma dimmi prima la tua.
– Sì. – dice Vito – Da domani faccio un corso speciale alla FIAT!
– Un corso speciale? – chiede Assunta – E per fare cosa?
– Mi hanno preso come meccanico! Capisci cosa significa? Sarò un operaio specializzato! Ma prima devo fare questo corso, per imparare bene il lavoro! Il corso dura un mese, e poi inizio! Con l'aumento, capisci Assunta! Mi pagano quasi 100 mila lire! Possiamo comprarci la macchina! Forse anche una FIAT 1300!
– Allora tutto capita nel momento giusto! – dice Assunta.
– Quale momento? – chiede Vito. Poi ricorda che anche Assunta aveva una cosa importante da dire. – Mi devi dare una bella notizia anche tu? – chiede poi.
– Sì! – risponde Assunta – Sono incinta, Vito! Di tre mesi!
– Cosa? Sarò padre? – dice Vito – Dobbiamo festeggiare!

Vito è felicissimo: prima la notizia del lavoro, ora il figlio... Ma subito dopo pensa: "Beh, con il figlio la FIAT 1300 non la possiamo comprare. Però, forse, una 500..."
Dopo sei mesi, Vito e Assunta entrano nella loro nuova 500 con il loro primo figlio Antonio. Vito guarda la sua auto e dice alla moglie:

– Ti piace? Non è troppo piccola?
– No, va benissimo. – risponde Assunta – È bellissima. E anche la nostra vita è bellissima.

"Ha ragione", pensa Vito: "va tutto benissimo così."

NOTE

genio: persona molto intelligente.

aumento: maggiore quantità di qualcosa. In questo caso, di denaro.

FIAT 1300 Nel 1962 era la macchina più elegante (e costosa) della FIAT.

capita (inf. capitare): succede.

incinta: in attesa di un bambino.

500 Automobile molto popolare della FIAT. Vedi testo a pagina 65.

1 • Indica l'opzione giusta.

1 Vito lascia la Sicilia perché
☐ a. nel suo paese non trova lavoro.
☐ b. la FIAT lo ha chiamato per lavorare.
☐ c. vuole lavorare alla FIAT.

2 A Torino, Vito
☐ a. alloggia in una pensione economica.
☐ b. trova subito un appartamento.
☐ c. conosce per caso Salvatore, un altro siciliano.

3 Vito è stupito perché a Torino
☐ a. tutte le donne sono more.
☐ b. le donne fumano per strada.
☐ c. le donne sono tutte belle.

4 Vito conosce Assunta
☐ a. perché lei vive in Sicilia.
☐ b. perché lei lavora nella pensione di Salvatore.
☐ c. perché lei lavora alla FIAT come lui.

5 Un giorno Vito aiuta
☐ a. un uomo famoso.
☐ b. un suo collega della FIAT.
☐ c. un dirigente della FIAT.

6 Vito con l'aumento sogna di
☐ a. comprare una bella macchina.
☐ b. fare un figlio.
☐ c. comprare una FIAT 500.

2 • Chi pensa queste frasi? Leggi le frasi nei fumetti e abbinale ai protagonisti del racconto.

☐ a. Vito
☐ b. Salvatore
☐ c. Carmelo
☐ d. Assunta
☐ e. Sig. Baretti

2. Devo aiutare quest'uomo: è un grande meccanico!

1. Alla fine Vito ha fatto bene ad andare a Torino!

4. Questa città è incredibile! Così grande, così piena di gente!

3. Chissà a che ora viene il ragazzo di cui mi ha parlato mio cugino.

5. Che bel ragazzo, questo cliente! Cena sempre da solo, quindi non ha una ragazza...

LA FAMIGLIA AGNELLI, LA FIAT E LA JUVENTUS

Quando si parla di Torino, si parla di FIAT e della famiglia Agnelli.
Questo perché la FIAT nasce a Torino nel 1899 grazie all'imprenditore
torinese Giovanni Agnelli e per più di un secolo la famiglia Agnelli ha
avuto il controllo dell'azienda automobilistica più importante d'Italia.
Uno dei suoi nipoti, Gianni (detto l'*Avvocato*), è stato uno dei personaggi
più famosi del mondo economico italiano e internazionale. Con il tempo,
le auto della FIAT hanno conquistato i mercati internazionali, mentre
in Italia alcuni suoi modelli fanno ormai parte della storia culturale

Giovanni Agnelli

e sociale del Paese. Dal 2014 è parte del marchio FCA, nato dalla fusione tra FIAT e Chrysler:
nello stesso gruppo sono altri importanti marchi automobilistici italiani come Lancia, Maserati
e Alfa Romeo. La famiglia Agnelli è anche famosa perché dal 1923 possiede la Juventus,
la famosa squadra di calcio torinese nata nel 1897 (l'altra squadra della città è il Torino):
grazie alla gestione degli Agnelli (l'avvocato Gianni Agnelli seguiva sempre allo stadio
le partite della squadra), la Juventus è la squadra con più titoli del campionato italiano.

3 • Vero o falso?

	V	F
1. La famiglia Agnelli ha un forte legame con la città di Torino.	☐	☐
2. Le macchine FIAT sono presenti solo in Italia.	☐	☐
3. La famiglia Agnelli ha fondato anche una squadra di calcio.	☐	☐
4. La Juventus è l'unica squadra della città di Torino.	☐	☐
5. Gianni Agnelli era molto interessato al calcio.	☐	☐

4 • Risolvi il cruciverba.

Orizzontali →

2 Risolvere un problema meccanico.
5 Vedi immagine.
6 Albergo economico.
8 Vito lavora nella catena di ...
10 Giorni di riposo dal lavoro.
11 Donna in attesa di un figlio.
13 Cosa facile, che non dà problemi.

Verticali ↓

1 Fare festa.
3 Con il nuovo lavoro, Vito ha un ... di stipendio.
4 Persona molto intelligente.
7 Viaggio per festeggiare il matrimonio: viaggio di ...
9 Chi lavora in una fabbrica.
12 Liquore italiano tipico del dopo cena.

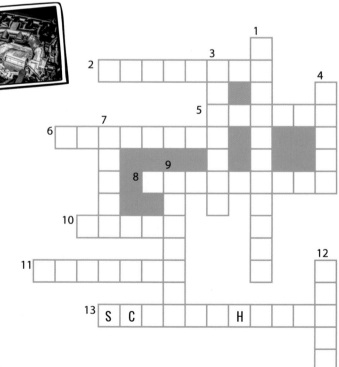

5 • Indica il contrario delle parole <u>sottolineate.</u>

Passano i giorni, le settimane, i mesi. Dopo i <u>primi</u> (_____) stipendi, Vito inizia a cercare un appartamento dove vivere, ma non è <u>facile</u> (_____): in molti annunci trova la scritta: NON SI AFFITTA AI MERIDIONALI e anche quando non c'è scritto, i torinesi <u>trovano</u> (_____) sempre qualche scusa per non dargli l'appartamento. Intanto ha conosciuto Assunta, una cugina di Salvatore: Assunta ha 19 anni, è di origini siciliane, ma vive a Torino da quando ha sette anni e aiuta Salvatore nella pensione. Quando i genitori di Assunta hanno saputo che Vito veniva da Racalmuto e lavorava alla FIAT, hanno mandato Assunta a portargli il caffè a colazione tutte le mattine e l'<u>amaro</u> (_____) la sera dopo la cena. Assunta è una <u>bella</u> (_____) ragazza e una sera lei e Vito hanno parlato tutta la sera, dopo la cena. Poi anche la sera <u>dopo</u> (_____), e quella dopo ancora. Dopo alcune settimane, hanno deciso di fidanzarsi.

6 • Completa il testo con le frasi della lista.

a. diventa la macchina preferita dagli italiani | **b.** la nuova 500 non è più una macchina solo economica | **c.** una macchina economica adatta a tutti gli italiani | **d.** decide di realizzare un nuovo modello | **e.** nel 1957 compare la versione che ha più successo

LA 500: UN SIMBOLO DEL MADE IN ITALY

Uno dei modelli più famosi della FIAT è sicuramente la 500, che dal 1936 a oggi ha cambiato spesso design, ma ha mantenuto il nome originario, così come il suo successo. La 500 nasce nel periodo fascista ed è Mussolini in persona a chiedere a Giovanni Agnelli (1) _____: la prima FIAT 500 compare infatti nel 1936 e si chiama "Topolino", in onore del personaggio di Disney che proprio in quel periodo inizia a essere famoso anche in Europa. Il modello, nel corso degli anni, ha continue modifiche, ma solo (2) _____: è la 500 che gli italiani chiamano "cinquino", una piccola auto molto resistente e con un design originale. Sono gli anni del 'miracolo economico' italiano e la 500, economica e pratica, (3) _____ che dopo la guerra tornano al benessere e all'ottimismo. Questo modello di 500 rimane in vendita per più di 30 anni. Solo nel 1991 la FIAT (4) _____, la 500 ED, che cambia design, ma rimane la macchina più adatta per la città. Infine, nel 2007, esce il nuovo modello di 500, più moderna e con un design raffinato: (5) _____, ma un'auto alla moda simbolo del *made in Italy* nel mondo.

7 • Abbina le foto delle 500 agli anni di produzione, come nell'esempio.

1936 | 1957 | 1991 | 2007

a.

b.

c.

d.

| | **1991** | | |

8 • Completa il testo con le parole della lista.

parte | conti | motore | macchina | elegante | indica | problema | appuntamento

Passa un anno. Una mattina Vito scende dal tram e vede poco lontano una bella _____
ferma, con un uomo _____ in piedi che guarda il _____. Vito conosce bene quella
macchina.

- – Che bella – dice Vito all'uomo elegante – è una FIAT 1600 coupé, nuovissima! Le abbiamo
  fatte da poco!
- – Bella sì – dice l'uomo elegante – ma non _____ più! E ho un _____ importante
  tra dieci minuti! E poi tu chi sei? Perché dici "le abbiamo fatte"?
- – Beh, io lavoro alla FIAT. – dice Vito.
- – Ah Davvero! Anche io lavoro alla FIAT, ma non capisco niente di motori. Io devo fare
  i _____, non le macchine! – dice l'uomo.
- – Scusi, posso? – chiede Vito e _____ il motore – Forse è una sciocchezza...

Vito guarda con attenzione il motore ("che bel motore!" pensa) e capisce qual è il _____.
Dopo pochi minuti il suo lavoro è finito.

9 • Scegli la preposizione giusta.

Solo quando la nave parte **da / su / a** Messina, Vito Caruso capisce di essere veramente partito:
col / sul / dal suo paese ha preso il bus fino **ad / in / da** Agrigento, e poi da Agrigento il treno
fino **in/su/a** Messina. A Messina ha messo le valigie **al / nel / con** treno **per / nel / a** Torino.
Poi i ferrovieri hanno messo il treno dentro la nave che attraversa lo stretto: è una bella
giornata **in / a / di** settembre, fa ancora caldo **a / in / su** Messina e Vito guarda la città
dalla / per la / con la nave. La nave parte, e Vito sente una grande tristezza.
Ama molto la Sicilia, ma non può più vivere lì.

10 • Leggi i testi sotto e indica se le frasi si riferiscono al testo A, al testo B o a tutti e due (AB).

	A	B	AB
1. Il *miracolo economico* dopo la guerra non c'è solo in Italia.	☐	☐	☐
2. Negli anni '50 e '60 molti meridionali cercano lavoro al Nord.	☐	☐	☐
3. Nel periodo del *boom* gli italiani iniziano a spendere di più.	☐	☐	☐
4. I meridionali che vanno al nord non hanno studiato molto.	☐	☐	☐
5. Nel periodo del *boom* ci sono fenomeni di razzismo tra italiani.	☐	☐	☐
6. Le tre grandi città industriali sono Torino, Milano e Genova.	☐	☐	☐
7. Per i meridionali non è facile trovare un appartamento in affitto.	☐	☐	☐
8. Il Sud Italia è ancora oggi più povero del Nord del Paese.	☐	☐	☐

TESTO A • Il miracolo economico italiano

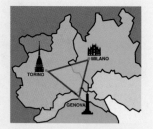

Dopo la Seconda Guerra Mondiale, l'Italia, come altri Paesi europei, ha avuto un periodo di crescita economica e sviluppo industriale. In Italia, questo periodo che va dal 1952 al 1968 è chiamato 'miracolo' (o *boom*) economico: la produzione industriale aumenta più del 30%, la disoccupazione diminuisce e aumentano i consumi: sempre più italiani possono infatti comprare un'auto o una Vespa e andare in vacanza sulle nuove strade che si costruiscono proprio in questi anni. È un periodo di grande ottimismo nel futuro e, non a caso, è il periodo in cui gli italiani fanno più figli (boom delle nascite). Le industrie italiane più grandi e importanti sono al Nord: la Olivetti e la FIAT sono in Piemonte, altre grandi industrie meccaniche sono a Milano (Breda) e a Genova (Ansaldo). Chi cerca lavoro, è quasi sicuro di trovarlo in quest'area, che viene chiamata il *triangolo industriale* (per la presenza delle industrie di Torino, Milano e Genova, le città dove arrivano molti immigrati italiani dal Sud.

TESTO B • L'emigrazione interna

Negli anni del boom economico, milioni di italiani del Sud Italia, più povero e senza industrie importanti, si trasferiscono al Nord in cerca di lavoro. Solo negli otto anni tra il 1955 e il 1963 arrivano dal Sud nelle città del Nord 1.300.000 persone. Il flusso è così grande che le Ferrovie dello Stato organizzano una linea speciale Palermo-Torino, il cosiddetto "Treno del Sole". Gli italiani che arrivano in quegli anni dalle regioni del Sud (soprattutto Sicilia, Calabria, Campania e Puglia) sono spesso molto giovani, poco istruiti e con abitudini di vita molto diverse dagli abitanti delle grandi città del Nord, che accolgono questi nuovi cittadini con diffidenza e sospetto. Per molti cittadini del Nord i meridionali sono ignoranti, sporchi, pericolosi (a causa della presenza della Mafia nel Sud Italia) e ci sono fenomeni di vero e proprio razzismo, come per esempio il rifiuto di affittare appartamenti ai meridionali o di chiamarli con il nome spregiativo di "terroni" e isolarli. L'integrazione è stata lenta e difficile, e ancora oggi, dopo 60 anni, non si può parlare di problema risolto definitivamente. Purtroppo, l'Italia meridionale rimane ancora un'area molto meno ricca del Centro-Nord del Paese, e ancora in questi anni l'unica speranza di trovare un lavoro dignitoso, per molti ragazzi laureati del Sud, è di trasferirsi al Nord.

Una foto storica degli anni del terrorismo, scattata a Milano il 14 maggio 1977.

TERRORISMO

In Italia, la stagione del terrorismo è iniziata alla fine degli anni Settanta ed è finita nei primi anni Ottanta. I terroristi volevano un cambiamento politico totale per mezzo della "lotta armata", cioè l'uso della violenza e delle armi. In quegli anni c'erano molti gruppi terroristici, ma il più importante erano le Brigate Rosse, un'organizzazione che ha commesso molti crimini, tra cui il rapimento e l'omicidio di Aldo Moro, presidente della Democrazia Cristiana, il partito italiano che era al governo in quegli anni.

 traccia 7

NOTE

terrorismo: pratica che si basa sull'uso della violenza per creare un'atmosfera di paura e terrore.

lotta armata: azioni violente contro lo Stato.

Brigate Rosse Nome dell'organizzazione terroristica di ispirazione comunista attiva in Italia negli anni Settanta e Ottanta.

ha commesso (inf. *commettere*): ha fatto, ha realizzato.

crimini: azioni contro la legge.

rapimento: prendere una persona con la forza e chiedere soldi per la sua liberazione.

omicidio: uccisione di una persona.

Quel ragazzo non doveva essere lì quel giorno, non doveva essere con il padre. Per questo non ho sparato. E per questo il padre è morto. Mi chiamo Maria Grazia, ma per i miei compagni ero Roberta. Tutti noi terroristi avevamo nomi diversi dai nostri, questa era la regola: non dovevamo sapere i nostri veri nomi, era più sicuro. Per me loro erano Giacomo, Claudio, Angelo. Solo dopo alcuni anni ho saputo i loro veri nomi, ma non era più importante. È passato tanto tempo, i giorni della nostra "lotta armata" sono finiti, tutto è finito. Ma quel giorno lo ricordo bene: era il 12 marzo 1977. Era martedì, il mio giorno libero. La sera prima ci siamo incontrati per ripetere, ancora una volta, tutto il piano.

– Allora, Roberta, sei pronta? Domani devi essere lì alle otto. – mi ha detto Giacomo.

– Lo so. La Vespa è già al suo posto? – ho chiesto.

VESPA

– Sì. Le chiavi le hai, no? Quando vedi Bassani uscire dal portone, sali sulla Vespa e metti in moto. È il segnale.

– Sì – ho detto. Poi ho preso la pistola e l'ho messa nella borsa.

– Al tuo segnale, io e Claudio usciamo dal bar. – ha detto Angelo.

– Bassani parcheggia sempre al solito posto.

– ha detto ancora Giacomo, che era il nostro capo, per quell'operazione. – Ci mette quasi due minuti ad arrivare alla macchina. In quei due minuti, Angelo e Claudio arrivano al parcheggio.

– Sì. – ho detto io, che sapevo tutto benissimo da settimane. – Quando Bassani arriva alla macchina, io arrivo in Vespa, mi fermo e sparo.

– Alle gambe. – ha detto Giacomo.

– Certo, alle gambe.

– Noi pensiamo alla scorta. – ha detto Angelo.

Io, al contrario dei miei compagni, avevo un lavoro, un lavoro fisso: ero insegnante di letteratura italiana in una scuola della città. Insegnante la mattina, terrorista la sera. Il figlio di Bassani, il magistrato che dovevamo gambizzare, era un mio studente.
Era un bravo studente, Ettore Bassani; il padre si chiamava Arturo e noi lo seguivamo da mesi, conoscevamo ogni suo movimento, ogni sua abitudine: sapevamo quando si alzava, quando prendeva il caffè, quando usciva di casa e quando rientrava.

MAGISTRATO

NOTE

terroristi: persone che praticano la politica del terrorismo.

piano: progetto, azione studiata a lungo.

metti in moto: accendi il motore.

segnale: azione che ha un significato speciale deciso in precedenza.

scorta: gruppo di persone che deve proteggere qualcuno.

fisso: stabile.

gambizzare: colpire alle gambe. Era un'azione criminale molto diffusa nel terrorismo di quegli anni.

seguivamo (inf. *seguire*): camminavamo dietro a lui. Qui significa: *spiavamo*.

Sapevamo che prima di entrare in macchina comprava sempre i giornali all'edicola. Sapevamo che pagava sempre con una banconota

EDICOLA

BANCONOTA

da cinquemila lire e dava tutti i giornali a uno degli uomini della scorta, ma teneva un giornale per sé: il Corriere della Sera. Bassani era un magistrato e in quel periodo la nostra regola era: se non sei con noi, sei un nemico.

Tutti ci conoscevano, sui giornali ogni giorno si parlava delle Brigate Rosse. Avevano paura di noi. I compagni di Roma facevano piani contro importanti uomini politici: parlavano di uccidere Andreotti, o Aldo Moro. La Democrazia Cristiana era il nostro grande nemico. Bassani per noi era un "pesce piccolo" e non dovevamo ucciderlo: solo gambizzarlo.
Ettore, il figlio di Bassani, aveva gli stessi occhi azzurri del padre, la stessa espressione un po' triste. Era bravo, Ettore, ma era anche un ragazzo semplice; mi era simpatico. Ma nel 1977 pensavo come una terrorista, e i miei pensieri erano stupidi e crudeli. La mia missione era colpire i "nemici del popolo". E il padre di Bassani era uno di loro.

Martedì 12 marzo. Quella notte ho dormito male, ero nervosa. Dovevo essere davanti alla casa di Bassani alle otto, ma sono arrivata alle sette e mezza. Il tempo non passava mai, ho fumato forse dieci sigarette mentre aspettavo. Alle otto meno un quarto ho visto Claudio e Angelo entrare nel bar. Hanno preso due cappuccini e si sono seduti al tavolo vicino alla porta, per vedermi bene.
 "Stai calma, Maria Grazia, calma. Va tutto come previsto, va tutto bene." Mi sono ripetuta questa frase forse 100, 1000 volte in testa, da quando ho finito la mia ultima sigaretta fino a quando Arturo Bassani è uscito di casa. Lui e le sue due guardie del corpo ridevano. Ancora però rimanevano davanti al portone. Perché? Comunque Bassani era uscito e io dovevo dare il segnale. Sono salita sulla Vespa, e poi...
Poi tutto è accaduto molto velocemente.
Salgo sulla Vespa e metto in moto. Ma la Vespa non parte. Riprovo. Non parte. Intanto vedo che Bassani e i due uomini della scorta hanno iniziato a camminare, c'è forse un'altra persona con loro, ma non capisco chi. La Vespa non parte, non so cosa fare. Giacomo e Angelo però hanno capito che Bassani è in strada: li vedo uscire dal bar, mentre provo ancora, senza fortuna, a far partire la Vespa. Controllo se c'è un problema al motore e sento passare dietro di me Bassani e la scorta. Riprovo ad accendere la Vespa: non parte. Vedo intanto Bassani all'edicola, compra i soliti giornali, ma non paga. Aspetta qualcosa. Poi vedo il figlio: Ettore quel giorno è con il padre e sta comprando qualcosa all'edicola!

NOTE

lire: valuta italiana prima dell'Euro.

Corriere della Sera
Uno dei quotidiani italiani più importanti.

Andreotti/Aldo Moro
Due importanti uomini politici italiani. Vedi il testo a pagina 74.

Democrazia Cristiana
Il partito di governo in Italia per 52 anni. Vedi il testo a pagina 74.

pesce piccolo: persona poco importante.

crudeli: cattivi, malvagi.

guardie del corpo: persone della scorta.

– Ma perché non è a scuola? – dico ad alta voce.

Con Ettore non è possibile fare niente, il ragazzo non deve entrare in questa storia. Devo dirlo a Claudio e ad Angelo, devo dirlo a Giacomo, ma come? La Vespa non parte e non posso arrivare al parcheggio prima di Bassani. Allora corro. Inizio a correre mentre penso a Ettore e mi chiedo perché proprio oggi, proprio martedì 12 marzo, non è andato a scuola ed è con il padre? Ha comprato delle figurine dei calciatori all'edicola, il padre ha pagato e va

FIGURINE

CALCIATORI

verso il parcheggio. Ettore rimane un po' indietro con una delle guardie del corpo. Il ragazzo mi sente arrivare, poi mi vede:

– Professoressa Betti! – dice, è sorpreso.
– Ettore! – grido, poi mi fermo vicino a lui, mentre il padre va verso il parcheggio con l'altra guardia del corpo.
– Professoressa! – ripete Ettore, – Abita qui vicino?
– Io... no... Ma tu perché non sei a scuola?
– Ma veramente... oggi c'è lo sciopero dei bus e vado a scuola con mio padre...

Lo sciopero! In quel periodo c'erano scioperi ogni giorno, non potevamo pensare anche a questo... Intanto vedo con la coda dell'occhio che Bassani è arrivato al parcheggio.

– Lo sciopero, sì certo! E hai comprato le figurine?
– Sì, professoressa – dice Ettore e arrossisce. – Le figurine dei calciatori. A scuola ci gioco con i compagni...
– Certo, certo, Ettore, è normale...

In quel momento esatto sento gli spari. Prima uno, poi un altro: le pistole di Claudio e Angelo. Vedo la seconda guardia del corpo correre subito verso il parcheggio. Ettore non capisce subito cosa sta succedendo. Io però capisco. Tutto.

– Ma che cosa succede? – chiede Ettore.
– No, non guardare! – grido.
– Papà!
– Non ti muovere, Ettore!

Claudio e Angelo hanno iniziato a sparare. Ettore ed io entriamo nell'edicola.

NOTE

sciopero: interruzione del lavoro per protestare.

arrossisce (inf. *arrossire*): diventa rosso in viso.

Non doveva finire così, Bassani non doveva morire. Ma quando usi un'arma, la possibilità di uccidere è molto alta. È logico.

Ma noi terroristi avevamo una logica tutta nostra, e tutta sbagliata.

Vedo i miei tre compagni che scappano con la loro macchina. Arrivano delle persone. Sento gridare:

– È morto!
– È il dottor Bassani... Il magistrato!
– C'è anche un ferito, chiamate l'ambulanza!

AMBULANZA

Ancora ricordo quel giorno, ogni minuto.
E così l'ho raccontato dieci anni dopo anche al magistrato, al mio processo.

PROCESSO

C'era anche Ettore: era in tribunale tra il pubblico. Ettore ha ascoltato la mia storia attento, ma sicuramente lui ricordava tutto anche molto meglio di me.

– Mi dispiace, Ettore. – gli ho detto quando l'ho visto nel corridoio, e due carabinieri mi portavano in prigione.

CARABINIERI

– Non doveva finire così. Niente doveva essere come è stato.
– Lo so. Ma è andata così. Forse quel giorno dovevo svegliarmi prima e andare a scuola a piedi... mio padre è morto per colpa mia...
– No. – ho detto – Tuo padre è morto per colpa mia e dei miei compagni. Tu eri solo un ragazzo e tuo padre faceva quello che fanno tutti i padri: portava suo figlio a scuola. Chi faceva la cosa sbagliata eravamo noi.
– Lo so. – ripete lui, senza alzare gli occhi.
– Perdonami. – ho detto; poi i carabinieri mi hanno portata via.

Dopo 20 anni, sono libera. Ma non mi sento innocente.

NOTE

dottor: espressione di rispetto.

per colpa: a causa.

innocente: una persona che non ha colpa, che non ha fatto niente di male.

1 • Indica l'opzione giusta.

1. Maria Grazia è
□ a. una giornalista.
□ b. una terrorista.

2. Maria Grazia e i suoi compagni devono
□ a. sparare a un magistrato.
□ b. uccidere un ministro.

3. Maria Grazia e i suoi compagni
□ a. conoscono le abitudini del magistrato.
□ b. incontrano il magistrato per caso.

4. Il figlio di Bassani
□ a. è magistrato come il padre.
□ b. era uno studente di Maria Grazia.

5. Il giorno dell'attentato,
□ a. Maria Grazia è molto nervosa.
□ b. Maria Grazia smette di fumare.

6. Perché Maria Grazia è sorpresa?
□ a. Perché vede Ettore con il padre.
□ b. Perché l'edicola è aperta.

7. Maria Grazia corre perché
□ a. vuole parlare con Ettore.
□ b. vuole fermare i suoi compagni.

8. Dopo tanti anni, Ettore
□ a. vuole parlare con Maria Grazia.
□ b. si sente in colpa per la morte del padre.

2 • Leggi i due testi nei box e indica quali affermazioni sono presenti.

1. □ La DC è nata come movimento contro il Fascismo.
2. □ Il Partito Comunista Italiano è nato nel 1921.
3. □ La Chiesa non aveva relazioni con il PCI.
4. □ In tutti i governi italiani del Dopoguerra c'era la DC.
5. □ Le BR non facevano parte del Partito Comunista Italiano.
6. □ Le Brigate Rosse avevano contatti con altri gruppi terroristici all'estero.
7. □ Molte vittime delle BR sono poliziotti e carabinieri.
8. □ Aldo Moro era un importante uomo politico della DC.

LA DEMOCRAZIA CRISTIANA

La *Democrazia Cristiana* (o semplicemente, DC) è stato il partito italiano di maggioranza di tutti i governi italiani dal 1944 al 1994. È nata durante gli anni del Fascismo come movimento di opposizione a Mussolini e di ispirazione cattolica, quindi molto differente dal Partito Comunista Italiano: questi due partiti, dopo la fine del Fascismo, hanno occupato la scena politica italiana per più di 50 anni, la DC al governo e il PCI all'opposizione. La linea politica della DC era di centro, vicina alla Chiesa e poco aperta ai cambiamenti sociali.
Poiché la DC ha avuto la maggioranza per tanto tempo, molti dei più importanti personaggi politici italiani sono stati democristiani: uomini della DC come Amintore Fanfani, Giulio Andreotti, Francesco Cossiga, Arnaldo Forlani, Aldo Moro sono stati ministri e primi ministri di molti dei governi italiani di quel periodo. Nel 1994, una grande operazione della magistratura chiamata "Mani pulite" ha chiuso il periodo dei due partiti storici italiani. Alcuni degli uomini politici più importanti della DC sono stati accusati di corruzione o complicità con la Mafia e si è aperta una nuova stagione della politica italiana, la cosiddetta "Seconda Repubblica".

Il simbolo della DC.

3 • Leggi i testi nel box e abbina le parole della lista al loro significato.

1. Partito di maggioranza
2. Partito di opposizione
3. Primo ministro
4. Seconda Repubblica
5. Lotta armata
6. Rapina
7. Trattativa

a. Nuovo periodo politico italiano.
b. Partito che riceve più voti alle elezioni.
c. Azione criminale con lo scopo di prendere soldi.
d. Accordo, compromesso.
e. Partito che contrasta la politica del governo.
f. Il capo del governo.
g. Strategia politica che prevede l'uso delle armi.

4 • Scrivi i verbi al passato prossimo o all'imperfetto.

Quel ragazzo non (*dovere*) _____ essere lì quel giorno, non (*dovere*)
_____ essere con il padre. Per questo non (*sparare* – io) _____.
E per questo il padre (*morire*) _____. Mi chiamo Maria Grazia, ma per i miei
compagni (*essere*) _____ Roberta. Tutti noi terroristi (*avere*) _____
nomi diversi dai nostri, questa (*essere*) _____ la regola: non (*dovere* – noi)
_____ sapere i nostri veri nomi, (*essere*) _____ più sicuro.
Per me loro (*essere*) _____ Giacomo, Claudio, Angelo. Solo dopo alcuni anni
(*sapere*) _____ i loro veri nomi, ma non (*essere*) _____ più
importante. (*Passare*) _____ tanto tempo, i giorni della nostra "lotta armata"
(*finire*) _____, tutto è finito.

LE BRIGATE ROSSE E IL RAPIMENTO DI ALDO MORO

Brigate Rosse (o: BR) è il nome della più grande organizzazione terroristica italiana di estrema sinistra. Le BR sono nate nel 1970 con lo scopo di diffondere nel Paese la lotta armata rivoluzionaria per il comunismo. Il Partito Comunista Italiano, però, ha da subito considerato le BR come un gruppo criminale. L'attività delle BR copre tutti gli anni Settanta e soprattutto tra il 1977 e il 1980 è particolarmente feroce e sanguinaria: in tutto ci sono stati circa 90 omicidi (soprattutto poliziotti e carabinieri, ma anche molti magistrati e uomini politici della DC e di altri partiti considerati "nemici del popolo"), e numerose rapine, rapimenti, "gambizzazioni" (cioè colpi di arma da fuoco alle gambe delle vittime).
L'azione più clamorosa delle BR è stato il rapimento del presidente della DC Aldo Moro: il 16 marzo 1978 un gruppo di brigatisti uccide i cinque uomini della scorta di Moro e porta l'uomo politico in un appartamento segreto, dove le BR lo tengono per 55 giorni. Lo Stato rifiuta ogni trattativa con i terroristi e il 9 maggio le BR uccidono Moro e lo lasciano dentro una Renault 4 rossa nel centro di Roma. In quel punto ora c'è una lapide che ricorda Moro e la sua morte.

La lapide dedicata a Moro a Roma.

5 • Completa il testo con le frasi della lista.

semplice | **terrorista** | **Rosse** | **pesce** | **espressione** | **politici** | **popolo** | **Cristiana**

Tutti ci conoscevano, sui giornali ogni giorno si parlava delle Brigate _____.
Avevano paura di noi. I compagni di Roma facevano piani contro importanti uomini
_____ : parlavano di uccidere Andreotti, o Aldo Moro. La Democrazia
_____ era il nostro grande nemico. Bassani per noi era un "_____
piccolo" e non dovevamo ucciderlo: solo gambizzarlo. Ettore, il figlio di Bassani, aveva
gli stessi occhi azzurri del padre, la stessa _____ un po' triste. Era bravo, Ettore,
ma era anche un ragazzo _____; mi era simpatico. Ma nel 1977 pensavo come
una _____, e i miei pensieri erano stupidi e crudeli. La mia missione era colpire
i "nemici del _____". E il padre di Bassani era uno di loro.

6 • Completa il cruciverba.

Orizzontali →
2 Vedi immagine.
5 Vedi immagine.
9 Vedi immagine.
10 Gruppo di persone
    che protegge qualcuno.
11 Interruzione del lavoro per protestare.
12 Dove compriamo giornali, riviste, ecc.

Verticali ↓
1 Pratica politica che si basa sulla violenza e il crimine.
3 Vedi immagine.
4 Vedi immagine.
6 Chi non ha colpa.
7 Vedi immagine.
8 Vedi immagine.

7 • Leggi il testo e indica se le parole nella colonna destra sono sinonimi (S) o contrari (C)
delle parole —————sottolineate.

S   C

Salgo sulla Vespa e metto in moto. Ma la Vespa
non parte. Riprovo. Non parte. Intanto vedo
che Bassani e i due uomini della scorta hanno
iniziato a camminare, c'è forse un'altra persona
con loro, ma non capisco chi. La Vespa non
parte, non so cosa fare. Giacomo e Angelo però
hanno capito che Bassani è in strada: li vedo uscire
dal bar, mentre provo ancora, senza fortuna, a far
partire la Vespa. Controllo se c'è un problema al motore
sento passare dietro di me Bassani e la scorta. Riprovo
ad accendere la Vespa: non parte. Vedo intanto Bassani
all'edicola, compra i soliti giornali, ma non paga.
Aspetta qualcosa. Poi vedo il figlio: Ettore quel giorno
con il padre e sta comprando qualcosa all'edicola!

	S	C
1. Scendo	☐	☐
2. sicuramente	☐	☐
3. entrare	☐	☐
4. sfortuna	☐	☐
5. guasto	☐	☐
6. davanti	☐	☐
7. acquista	☐	☐
8. insieme	☐	☐

8 • Riordina il dialogo con le battute di Maria Grazia.

ETTORE	MARIA GRAZIA
– Professoressa Betti! – dice, è sorpreso. – ☐	1. Io... no... Ma tu perché non sei a scuola?
– Professoressa! Abita qui vicino? – ☐	2. Certo, certo, Ettore, è normale...
– Ma veramente... oggi c'è lo sciopero dei bus e vado a scuola con mio padre... – ☐	3. Lo sciopero, sì certo! E hai comprato le figurine?
– Sì, professoressa. Le figurine dei calciatori. A scuola ci gioco con i compagni... – ☐	4. Ettore!

9 • Completa il testo con le frasi della lista.

a. sono rimasti nella memoria storica | **b.** a pochi passi da piazza del Duomo
c. e quelli "neri", cioè fascisti | **d.** nella sala d'aspetto della stazione
e. inizia alla fine degli anni Sessanta | **f.** azioni contro singoli individui

IL TERRORISMO "NERO" E LA STRAGE DI BOLOGNA

La stagione del terrorismo (chiamata anche: anni di piombo) (1) _____ e dura oltre dieci anni. I gruppi terroristici in Italia sono stati di due tipi: quelli "rossi", cioè di estrema sinistra e ispirati all'ideologia comunista, (2) _____. La differenza, oltre che ideologica, era anche di metodo: le BR e i gruppi terroristici di sinistra facevano più spesso (3) _____ o rapimenti, rapine; i gruppi terroristici di destra erano legati anche ai servizi segreti italiani e hanno compiuto attentati in stazioni ferroviarie o luoghi pubblici che hanno provocato numerose vittime. Due di questi attentati (4) _____ degli italiani: la strage di Piazza Fontana e la strage di Bologna.

Piazza Fontana – Il 12 dicembre 1969 è ancora una data dolorosa nella storia della Repubblica: quel giorno esplode una bomba dentro una banca in piazza Fontana a Milano, (5) _____. Muoiono 17 persone, i feriti sono 88. All'inizio si pensa a un attentato di natura anarchica e il processo per la ricerca dei colpevoli dura più di 30 anni. Solo nel 2005 si riconosce definitivamente che l'attentato è stato opera di un gruppo terrorista di ispirazione fascista.

Pizza Fontana a Milano

L'orologio della stazione di Bologna
è ancora fermo all'ora della strage.

Stazione di Bologna – C'è un orologio, fuori dalla stazione di Bologna, fermo alle ore 10:25. È l'ora in cui, il 2 agosto 1980, è esplosa una bomba (6) _____ e ha ucciso 85 persone. Anche in questo caso il processo è stato lungo e difficile e solo nel 2020 ci sono state le condanne finali per alcuni terroristi di gruppi fascisti e di personaggi legati ai servizi segreti e logge massoniche italiane. Ancora oggi, ogni 2 agosto, la città di Bologna si ferma in ricordo di quel giorno terribile e in memoria delle tante vittime.

10• Rimetti in ordine i momenti del racconto, come nell'esempio.

1 a. Maria Grazia prepara un attentato con altri terroristi.
☐ b. I terroristi hanno studiato ogni movimento del magistrato.
☐ c. Ettore vede la sua insegnante e si stupisce.
☐ d. Il magistrato esce, ma c'è con lui anche suo figlio.
☐ e. Maria Grazia parla con Ettore il giorno del processo.
☐ f. Il giorno dell'attentato Maria Grazia è davanti al palazzo del magistrato.
☐ g. Mentre Ettore e Maria Grazia parlano, i terroristi uccidono il magistrato.
☐ h. Maria Grazia vuole fermare i suoi compagni, ma la Vespa non parte.
☐ i. Maria Grazia passa in carcere 20 anni.

I giudici Giovanni Falcone e Paolo Borsellino.

MAFIA

Nel maggio 1992, Cosa Nostra, così si chiama la mafia siciliana, uccide Giovanni Falcone, un importante magistrato italiano. Giovanni Falcone muore sull'autostrada per Palermo, dove la mafia ha messo *15 quintali* di *esplosivo*. Lui e il suo collega e amico Paolo Borsellino facevano *indagini* non solo sui boss mafiosi, ma anche su politici e uomini d'affari: Cosa Nostra, infatti, grazie al traffico della droga e ai legami con la politica, negli anni Novanta era un'organizzazione molto potente. Dopo la morte di Falcone, il suo collega Paolo Borsellino diventa l'obiettivo numero uno di Cosa Nostra.

 traccia 8

NOTE

15 quintali: 1 quintale= 100 kg.

esplosivo: materiale che provoca un'esplosione.

indagini: ricerche (spesso della polizia o dei giudici) per trovare un criminale.

L'estate a Palermo è calda. Molto calda. E quel 19 luglio del 1992 è una tipica domenica estiva: molti palermitani sono in spiaggia per fuggire dal caldo della città. Anche Adriana Russo voleva andare al mare, ma il figlio Antonio sta male. Nella notte tra sabato e domenica si è svegliato con la febbre a 39 °C.

– Come sempre, – ha detto Benedetto, il marito di Adriana – i figli si ammalano il weekend.
– Ma io domani voglio andare al mare! – ha iniziato a dire Anna, la sorella maggiore di Antonio.
– Ma certo che andiamo al mare! – ha detto subito il padre – Io ho lavorato anche sabato e non voglio passare la domenica a casa con questo caldo!
– Sì, Anna, tu vai con papà! – ha detto Adriana – La mamma resta qui con Antonio. Benedetto, – ha detto poi al marito – vi preparo qualcosa da mangiare per la spiaggia.
– Mamma, ma anch'io voglio andare al mare! – ha detto Antonio.

Antonio ha 8 anni e ama molto il mare. Tutta la settimana deve stare a casa con la nonna perché i genitori lavorano e quando arriva il fine settimana lui è molto felice, perché sa che possono andare tutti al mare. Ma quella domenica Antonio piange disperato: sono le nove, il padre e la sorella si preparano per la spiaggia e lui non può andare con loro.

– Non ho più la febbre, non ho più la febbre! – grida.
– Basta Antonio, quante volte lo devo ripetere? – dice Adriana.

Quando il marito e la figlia escono, Adriana va sul balcone e li vede entrare in macchina: abita al sesto piano di un palazzo in via D'Amelio 21, in uno dei quartieri nuovi della città. Adriana vede la figlia Anna fare "ciao" con la mano mentre la macchina parte: anche lei saluta con la mano. Subito dopo vede uscire dal portone la signora Rita, la sorella del giudice Borsellino. Abita in quel palazzo insieme alla madre e sono molto conosciute nel quartiere, perché il giudice Paolo Borsellino è famoso in Sicilia e in tutta l'Italia per la sua attività contro la mafia.

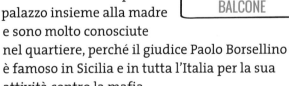

BALCONE

ASCENSORE

– Allora, mamma, vieni a giocare un po' con me? – chiede Antonio.
– Stai un po' meglio, amore? Allora, facciamo così: prima mi vesto, vado a comprare il giornale all'edicola e al ritorno giochiamo a Monopoli, ok? Compro qualcosa da leggere anche per te, va bene?

In ascensore, Adriana incontra la signora Rosalia, del terzo piano. La signora Rosalia non sorride mai, è sempre nervosa, ma parla molto.

NOTE

maggiore: più grande.

febbre: temperatura del corpo. Quella normale è di circa 37 °C (gradi Celsius).

– Signora Adriana, non va al mare oggi? – chiede. Ha grandi occhiali e parla sempre a voce molto alta.

– No, signora Rosalia. Mio figlio ha la febbre e devo restare a casa con lui.

– O, povero bambino, che sfortuna.

– Sì, davvero! Al mare è andato mio marito, con Annina.

– E certo, il padre al mare e la madre a casa con il figlio malato!

L'ascensore è arrivato, le porte si aprono, le due donne escono.

– Signora Adriana, – dice Rosalia – ma Lei non è preoccupata? Io, da quando hanno ucciso Falcone, ho tanta paura!

– E perché? – chiede Adriana.

Ma Adriana sa bene cosa vuole dire Rosalia: nel palazzo tutti hanno avuto lo stesso pensiero: "Dopo Falcone, la mafia ucciderà anche il giudice Borsellino". L'ha detto anche Paolo Borsellino alla tv, e la madre del magistrato, la signora Maria Pia, che abita al quinto piano, lo ripete spesso:

– Adesso Paolo è solo. Dopo Falcone, la mafia vuole anche la sua morte.

– Ma no, signora Maria Pia, – le ha detto un giorno Adriana, mentre erano in ascensore insieme – adesso suo figlio Paolo è ancora più sotto protezione!

– Sotto protezione... – ha detto Rita, la sorella di Borsellino, che accompagna sempre la madre quando esce – Anche Giovanni Falcone aveva la scorta, tre ragazzi: tutti morti con lui e la moglie. Signora Adriana, la mafia non ha paura delle scorte.

A proteggere Paolo Borsellino ci sono sei poliziotti: cinque uomini e una donna. Ogni domenica pomeriggio il magistrato viene a fare una visita alla madre e Adriana vede dalla finestra le luci azzurre delle due macchine della scorta, una davanti e una dietro a quella di Paolo Borsellino, che è sempre al centro. Prima escono gli uomini della scorta, poi, per ultimo, esce Paolo Borsellino. Un bell'uomo, pensa Adriana: alto, elegante, anche più bello che in televisione. Una volta l'ha anche incontrato sotto il palazzo. Intorno a lui gli uomini e la donna della scorta guardavano da tutte le parti, con le pistole in mano. Lui era al centro della sua scorta, sempre in giacca, sempre con la sigaretta in mano.

– Buonasera, dottor Borsellino. – ha detto Adriana.

Il magistrato ha risposto con un sorriso.

– Buonasera, signora.

Da quando è morto Giovanni Falcone, molte persone nel grande palazzo di via D'Amelio sono nervose e hanno paura. Un pomeriggio Adriana ha visto un gruppo di vicini che parlavano tra loro:

NOTE

Annina: diminutivo di Anna, "piccola Anna".

malato: persona che non sta bene, che non è in buona salute.

– Ma perché avete paura? – ha domandato l'architetto del nono piano – Adesso invece qui siamo più al sicuro! Chi può uccidere il dottor Borsellino in casa della madre?

– La mafia può tutto! – ha detto una signora che abita al terzo piano – Ha messo l'esplosivo sull'autostrada per ammazzare Falcone, può metterlo anche qui!

– Ma è impossibile! – ha detto un altro, che Adriana non conosceva bene, doveva essere arrivato da poco. – Borsellino non lo ammazzano, la mafia voleva solo Falcone! Senza Falcone, Borsellino non può fare più niente!

Adriana, quando pensa alla mafia, è triste, molto triste, perché a Palermo la mafia ha le mani su tutto, e tutti hanno paura, vivono nel terrore. Molti preferiscono accettare la mafia come una cosa normale, perché dicono che la mafia è troppo forte, e lo Stato non fa niente. Ma Adriana non è d'accordo: se c'è ancora qualcuno come il dottor Borsellino, c'è ancora speranza.

Quando torna dall'edicola ed entra in casa, Adriana sente la televisione del soggiorno accesa: "Previsioni del tempo di oggi, 19 luglio: tempo sereno su tutta la penisola, temperature in aumento, soprattutto al Sud e nelle isole..."

– Mamma! Sei arrivata! Ho preparato il Monopoli! – dice Antonio, felice.

– Amore! Come stai? Sì, adesso giochiamo, un momento solo!

Adriana e Antonio giocano a Monopoli fino a ora di pranzo, poi mangiano. Il pomeriggio la febbre si alza e Antonio va a dormire. Adriana mette una sedia sul balcone e legge il giornale. Ma fa troppo caldo e poco dopo rientra in casa.

Alle quattro e mezza Antonio si sveglia. Non ha più la febbre e vuole mangiare. Adriana gli prepara una merenda e mangiano insieme davanti alla tv. Sono le 16:52. Antonio va in bagno, Adriana esce sul balcone per fumare una sigaretta.

16:53. Adriana dal balcone vede arrivare le tre macchine del giudice Borsellino: due della scorta, la sua al centro. Parcheggiano davanti al palazzo. Come sempre, escono per primi gli agenti della scorta.

16:55. Antonio chiama la madre dal bagno. Adriana rientra in casa e va dal figlio.

– Mamma, mi fa male la pancia! – dice Antonio.

– Forse non ti dovevo dare pane e Nutella...

In realtà, Adriana non fa in tempo a dire "Nutella", perché in quel momento sente un grande boato, la casa trema, Adriana e Antonio gridano per la paura.

– Dio mio, il terremoto! Il terremoto!

– Mamma, mamma! Ho paura!

NOTE

ha le mani su tutto: qui significa: "controlla tutto", "conosce tutto e vede tutto".

in aumento: che salgono, diventano più alte.

merenda: pasto di metà pomeriggio, soprattutto per i bambini.

boato: rumore fortissimo.

trema (inf. tremare): non è stabile, si muove.

terremoto: movimento della terra. Quando è molto forte, causa distruzioni.

Tutto finisce in meno di un minuto, ma sembra un tempo lunghissimo. Adriana esce dal bagno e dice al figlio:

– Antonio, è il terremoto! Dobbiamo uscire, scendere in strada!

Ma Antonio guarda verso la finestra e grida:

– No, mamma, fuori c'è il fumo nero!
– Cosa?

FUMO

Adriana guarda fuori dalla finestra: c'è solo molto fumo e non può vedere niente, sente solo le grida dei vicini e delle persone in strada:

– Una bomba! Una bomba!
– Hanno ammazzato Borsellino!
– Chiamate l'ambulanza, ci sono feriti!

Adriana capisce tutto: dopo alcuni minuti sente il rumore degli elicotteri, le ambulanze e le macchine della polizia. Poi arrivano i giornalisti, i vicini scendono in strada.

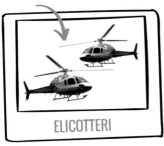

ELICOTTERI

Nel punto dove c'erano le tre macchine di Borsellino, ora c'è uno spazio nero, le macchine sono distrutte, sicuramente sono tutti morti.
Dopo mezz'ora suona il telefono: è il marito dalla spiaggia.

– Adriana! Stai bene? Sono al bar della spiaggia, la televisione ha detto che c'è stata una bomba davanti a casa nostra! Come stai, come sta Antonio?
– Stiamo bene, Benedetto, stiamo bene... Ma abbiamo avuto tanta paura...
– Io e Anna arriviamo subito! Tu vai dalla vicina, non devi restare sola in casa con Antonio...
– No, non voglio parlare con nessuno, Benedetto. Non voglio neanche vedere la televisione. Non voglio fare niente. Niente. Vi aspetto qui.

Benedetto sente la moglie piangere, poi qualcuno dietro gli dice:

– Scusi, ha finito? Anch'io devo telefonare a casa!
– Io abito in via D'Amelio, al 21... – dice Benedetto.
– Ah, mi scusi. La sua famiglia sta bene? Stanno tutti bene?
– Sì. – risponde Benedetto, mentre alla televisione guarda le terribili immagini di via D'Amelio. – Stanno tutti bene.

1 • Vero o falso?

		V	F
1.	Adriana resta a casa perché suo figlio ha la febbre.	☐	☐
2.	Nel palazzo di Adriana abita il giudice Borsellino.	☐	☐
3.	La signora Rosalia è una persona allegra.	☐	☐
4.	La sorella di Borsellino ha paura per il fratello.	☐	☐
5.	Paolo Borsellino va dalla madre tutti i giorni.	☐	☐
6.	Paolo Borsellino ha una scorta di dieci uomini.	☐	☐
7.	Adriana ammira Paolo Borsellino.	☐	☐
8.	Il pomeriggio del 19 luglio, a Palermo c'è un grande terremoto.	☐	☐
9.	Il marito di Adriana telefona perché ha visto le notizie alla tv.	☐	☐

2 • Ricostruisci le relazioni tra i vari personaggi della storia.

a. Benedetto	è la sorella	
b. Antonio	è la figlia	
c. Anna	è il marito	1. di Adriana
d. Rosalia	è la vicina	
e. Maria Pia	è il figlio	2. di Paolo Borsellino
f. Rita	è la madre	

3 • Chi fa questi pensieri?

a. ☐ Adriana
b. ☐ Benedetto
c. ☐ Antonio
d. ☐ Anna
e. ☐ Maria Pia
f. ☐ Rita

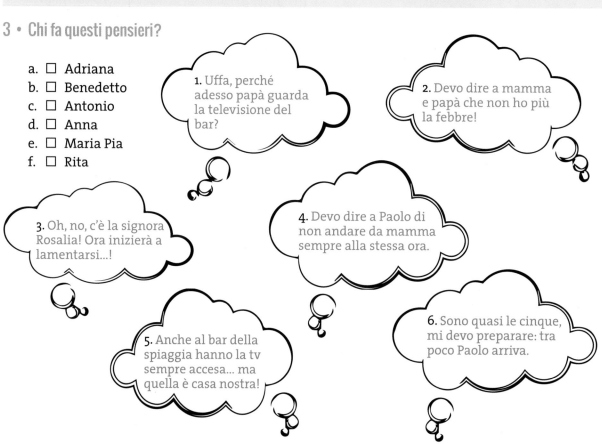

1. Uffa, perché adesso papà guarda la televisione del bar?

2. Devo dire a mamma e papà che non ho più la febbre!

3. Oh, no, c'è la signora Rosalia! Ora inizierà a lamentarsi...!

4. Devo dire a Paolo di non andare da mamma sempre alla stessa ora.

5. Anche al bar della spiaggia hanno la tv sempre accesa... ma quella è casa nostra!

6. Sono quasi le cinque, mi devo preparare: tra poco Paolo arriva.

LE MAFIE IN ITALIA

La Mafia è una parola di origine incerta che definisce in generale un'organizzazione criminale che fa uso di violenza per il controllo del territorio e che si arricchisce grazie al traffico di droga, di armi, alla corruzione e a tutta una serie di attività illegali.

Le organizzazioni mafiose in Italia sono almeno quattro: quella più famosa, anche grazie a film molto di successo in tutto il mondo come *Il Padrino (The Godfather)* e *Gli intoccabili (The untouchables)*, è Cosa Nostra, attiva soprattutto in Sicilia: sin dai primi anni del Novecento, dalla Sicilia è arrivata agli Stati Uniti (Al Capone era siciliano) e questo ha attirato l'interesse di scrittori e registi americani.

In Campania, invece, è presente la *Camorra*, che controlla molte delle attività illegali della città di Napoli e della regione. In Puglia c'è la *Sacra Corona Unita*, mentre in Calabria il nome della mafia locale è *'ndrangheta*. La *'ndrangheta* è organizzata in *'ndrine*, cioè piccoli gruppi che fanno capo a famiglie e che controllano il loro territorio.

Con il tempo, le attività e il potere delle mafie italiane hanno superato i confini regionali per arrivare anche in importanti zone del Nord Italia, dove per esempio la *'ndrangheta* ha da tempo iniziato a guadagnare soldi dai lavori pubblici, dal traffico della droga e dalla prostituzione. Molti mafiosi delle ultime generazioni hanno studiato Economia, Legge, Finanza, ed è sempre più difficile capire dove finiscono i soldi che la mafia ricava dai suoi traffici. Sicuramente parte dei soldi li investe in terreni, palazzi, che poi dà in affitto a società e commercianti: in questo caso, però, la mafia chiede anche il *pizzo*, cioè una quota extra per "proteggere" il negoziante da possibili "problemi". La mappa del pizzo in Italia riguarda soprattutto le regioni del Sud, ma anche molte zone del centro Italia e, recentemente, anche del Nord.

La mappa del pizzo in Italia.

4 • Indica le opzioni corrette.

1 Cosa Nostra è il nome
☐ a. della mafia americana.
☐ b. della mafia siciliana.

2 I mafiosi di oggi
☐ a. preferiscono non studiare perché lo ritengono inutile.
☐ b. hanno capito che avere una laurea è utile per le loro attività.

3 Il *pizzo* è un fenomeno
☐ a. presente solo nel Sud Italia.
☐ b. presente anche in altre parti d'Italia.

5 • Completa il testo con le parole della lista.

giudice | ascensore | palazzo | paura | scorta | protezione

Ma Adriana sa bene cosa vuole dire Rosalia: nel _____ tutti hanno avuto lo stesso pensiero: "Dopo Falcone, la mafia ucciderà anche il _____ Borsellino". L'ha detto anche Paolo Borsellino alla tv, e la madre del magistrato, la signora Maria Pia, che abita al quinto piano, lo ripete spesso:

– Adesso Paolo è solo. Dopo Falcone, la mafia vuole anche la sua morte.
– Ma no, signora Maria Pia – le ha detto un giorno Adriana, mentre erano in _____ insieme – adesso suo figlio Paolo è ancora più sotto _____!

Sotto protezione... – ha detto Rita, la sorella di Borsellino, che accompagna sempre la madre quando esce – Anche Giovanni Falcone aveva la _____, tre ragazzi: tutti morti con lui e la moglie. Signora Adriana, la mafia non ha _____ delle scorte.

6 • Scegli la preposizione giusta.

A proteggere Paolo Borsellino ci sono sei poliziotti: cinque uomini e una donna.
Ogni domenica pomeriggio il magistrato viene **a / sul / con** fare una visita alla madre e Adriana vede **in / dalla / nella** finestra le luci azzurre delle due macchine della scorta, una davanti e una dietro **per / in / a** quella di Paolo Borsellino, che è sempre **al / sul / dal** centro. Prima escono gli uomini della scorta, poi, per ultimo, esce Paolo Borsellino. Un bell'uomo, pensa Adriana: alto, elegante, anche più bello che **a / in / su** televisione. Una volta l'ha anche incontrato sotto il palazzo. Intorno a lui gli uomini e la donna della scorta guardavano da tutte le parti, con le pistole **per / a / in** mano. Lui era **in / dal / al** centro della sua scorta, sempre in giacca, sempre **per / con / a** la sigaretta in mano.

GIOVANNI FALCONE (1939–1992)

È stato uno dei magistrati più attivi nella lotta contro la mafia in Italia. Nel 1979 accetta la proposta del giudice Rocco Chinnici e inizia a occuparsi delle attività mafiose: Falcone capisce subito che per individuare gli affari criminali della mafia bisogna entrare nei conti bancari e seguire i movimenti finanziari, i legami con la politica e il mondo della finanza. Nasce il "metodo Falcone", che permette l'arresto di importanti personaggi della mafia italiana e americana. Nel 1983, Falcone, Chinnici e Paolo Borsellino formano il *pool* antimafia, una squadra di magistrati impegnati alla lotta contro la mafia in maniera organizzata e condivisa. Presto ottengono subito un risultato importante: la cattura di Tommaso Buscetta, uno dei più sanguinari boss di Cosa Nostra. Nel 1986 inizia il *maxiprocesso* di Palermo, un grande successo per il pool di Falcone e Borsellino: il processo finisce nel 1987 con 360 condanne a mafiosi, politici e imprenditori legati alla mafia. Nel 1989 fallisce un primo attentato alla villa dove Falcone passava le vacanze, ma Il 23 maggio 1992 la mafia uccide Giovanni Falcone sulla strada dall'aeroporto a Palermo, dove Cosa Nostra ha messo 1500 kg di esplosivo. Insieme al giudice muoiono anche la moglie Francesca Morvillo e gli uomini della sua scorta. Il fatto passa alla storia come "la strage di Capaci".

7 • Leggi il testo su Falcone e Borsellino e indica se le frasi si riferiscono a Falcone (F), a Borsellino (B) o a tutti e due (FB).

	F	B	FB
1. È stato un magistrato impegnato nella lotta antimafia.	☐	☐	☐
2. Inizia a indagare sulla mafia nel 1979.	☐	☐	☐
3. Crea un nuovo metodo di indagini.	☐	☐	☐
4. È il più giovane magistrato d'Italia.	☐	☐	☐
5. Lavora nel *pool* antimafia.	☐	☐	☐
6. La mafia vuole ucciderlo nella sua villa al mare.	☐	☐	☐
7. Dice alla stampa che i giudici sono soli contro la mafia.	☐	☐	☐
8. Muore per mano della mafia.	☐	☐	☐
9. Insieme a lui, muoiono la moglie e la scorta.	☐	☐	☐

8 • Abbina le espressioni al loro significato.

1. Pool antimafia

2. Metodo Falcone

3. Maxiprocesso di Palermo

4. Strage di Capaci

5. Strage di via D'Amelio

a. L'uccisione di Giovanni Falcone.

b. Il più grande processo contro la mafia.

c. Squadra di magistrati che lavorano insieme.

d. L'uccisione di Paolo Borsellino.

e. Modo nuovo di fare indagini sulla mafia.

PAOLO BORSELLINO (1940–1992)

È stato un magistrato italiano, vittima della mafia. Diventa magistrato nel 1963 a soli 23 anni (è il più giovane in Italia) e subito ha incarichi in zone dove la mafia è molto forte. Nel 1980 entra nel *pool* antimafia di Giovanni Falcone, suo amico di studi. Quando finisce l'esperienza del *pool*, nel 1988, i due continuano a lavorare, anche se con ruoli diversi, nelle indagini sui rapporti tra mafia e politica. Nel 1991 Cosa Nostra inizia a pensare a come uccidere Borsellino. Dopo la morte di Giovanni Falcone, il giudice Borsellino va spesso alla tv e parla con i giornalisti per denunciare il fatto che i magistrati antimafia sono lasciati soli nella loro guerra contro Cosa Nostra. Il 19 luglio 1992, Cosa Nostra fa esplodere a distanza una macchina piena di esplosivo parcheggiata in via D'Amelio, davanti al palazzo della madre di Paolo Borsellino, nel momento esatto in cui il giudice stava per aprire il cancello. Insieme a Borsellino muoiono cinque uomini e una donna che facevano parte della sua scorta. È la cosiddetta "strage di via D'Amelio".

Il luogo dell'attentato a Falcone.

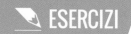

9 • Abbina le due colonne e forma le frasi corrette.

1. Antonio ha 8 anni,

a. ora c'è uno spazio nero.

2. Il giudice Paolo Borsellino

b. ama molto il mare.

3. In ascensore, Adriana

c. accettare la mafia come una cosa normale.

4. Molti preferiscono

d. le tre macchine del giudice Borsellino.

5. Adriana dal balcone vede arrivare

e. incontra la signora Rosalia.

6. Nel punto dove c'erano le tre macchine

f. è famoso in Sicilia e in tutta Italia.

10 • Completa il testo sui movimenti antimafia con le frasi della lista.

a. nella lotta alla mafia e nel supporto | **b.** la lotta al sistema mafioso del *pizzo*
c. acquistare solo prodotti "pizzo free" | **d.** liberare il loro territorio dal controllo mafioso

I MOVIMENTI ANTIMAFIA

In Italia, l'attività antimafia non è solo quella dei magistrati e delle forze dell'ordine: proprio dopo la morte dei due giudici Falcone e Borsellino, sono nate associazioni e movimenti di cittadini che vogliono (1) _____. Vediamo alcune di queste associazioni:

Libera è un'associazione nata nel 1995 dall'idea di un sacerdote, Don Ciotti: l'attività di *Libera* è molto ampia e comprende l'educazione, progetti di lavoro e di utilizzo di spazi e edifici che erano in mano alla mafia e, dopo i processi, sono tornati alla società. Oggi *Libera* ha più di 1600 associazioni, in Italia e all'estero, impegnate (2) _____ alle vittime della mafia.

Addiopizzo è un movimento antimafia siciliano che ha come scopo (3) _____, che colpisce molti commercianti e imprenditori siciliani. *Addiopizzo* nasce nel 2004 a Palermo e poco dopo a Catania. Lo scopo del comitato *Addiopizzo* è non solo rifiutare il sistema mafioso, ma anche promuovere il "consumo critico" dei cittadini, e spingere ad (4) _____. Se nel 2006 i commercianti e produttori *pizzo free* erano poco più di 800, ora sono oltre 10.000. Dal 2005 Addiopizzo collabora anche con le scuole e con i magistrati per promuovere nelle scuole una cultura della legalità. Nel 2007 i comitati *Addiopizzo* danno vita all'associazione **Libero Futuro**, di cui fanno parte imprenditori e professionisti siciliani.

SPIEGAZIONE DEI GIOCHI

GIOCO 1 • MEMORY

Scopo del gioco è abbinare le carte dello stesso gruppo (*Prima Guerra Mondiale* si abbina a: *trincea, soldati, Caporetto*, ecc. secondo la lista a pagina 92) o creare abbinamenti coerenti (per esempio, *soldati* si può abbinare anche a *Garibaldi*, che fa parte del gruppo *Risorgimento*).

GIOCO 2 • DOMINO

Si gioca solo con le carte illustrate, non con quelle con i testi. Si può giocare a gruppi o coppie. Ogni gruppo/coppia ha delle carte. Chi inizia, mette al centro del tavolo la carta di partenza. Scopo del gioco è collegare alla carta sul tavolo una carta che abbia una relazione con essa, in base al racconto o alla logica. Per esempio: il *fucile* può essere abbinato sia a *Resistenza*, sia a *Risorgimento*. E così anche la *bandiera italiana*. L'importante è che lo studente parli e spieghi in italiano le ragioni dell'abbinamento. Quando non è possibile fare abbinamenti validi, vince la squadra che rimane con meno carte.

GIOCO 3 • LA PESCA MIRACOLOSA

L'insegnante sceglie 5-6 carte da mostrare agli studenti e mette le altre carte in una scatola al centro della classe. Divide la classe in due gruppi e poi mostra una carta. Da ogni gruppo, uno studente corre alla scatola al centro e cerca una carta da abbinare a quella mostrata dall'insegnante, tentando di precedere l'avversario. Il primo a trovare la carta la mostra all'insegnante e spiega il perché dell'abbinamento. Ogni abbinamento riuscito è un punto. Vince la squadra che avrà ottenuto più punti.

variante: L'insegnante prende per sé solo le 9 carte con i brani del racconto, legge una carta alla volta e gli studenti dei due gruppi devono capire di quale personaggio si tratta e mandare un rappresentante del gruppo a pescare nella scatola una carta da abbinare.

GIOCO 4 • CHE CARTA È?

Si divide la classe in due gruppi. Entrambi i gruppi hanno a disposizione tutte le carte in una scatola al centro della classe. A turno, un gruppo sceglie un giocatore e l'altro gruppo una carta. Il giocatore deve indovinare che carta è facendo domande a cui è possibile rispondere solo sì o no. Si dà un tempo limite per indovinare ogni carta. Vince chi indovina più carte o chi arriva prima a 5 (o 10 o altri punteggi).

LISTA DELLE CARTE

RINASCIMENTO
URBINO · LA PRIMAVERA · MANTEGNA · PENNELLI

In quel momento entra da una porta una modella di Botticelli: è alta, bionda, ha gli occhi chiari. Ha un vestito bianco ed è bellissima.

RISORGIMENTO
GIUSEPPE MAZZINI · BANDIERA ITALIANA · PIAZZA DELLA SCALA · GIUSEPPE GARIBALDI

I due amici escono e vedono una carrozza. Tutti gridano: "Viva Verdi!". Nella carrozza c'è Giuseppe Verdi, il grande musicista.

I° GUERRA MONDIALE
TRINCEA · SOLDATI · CAPORETTO · LE BATTAGLIE

Dalle due trincee allora escono i soldati italiani e austriaci: tutti sono sporchi, stanchi, hanno gli occhi tristi e non dicono niente.

FASCISMO
PALAZZO VENEZIA · MUSSOLINI · IL COLOSSEO QUADRATO · VITTORIANO

In prigione con me c'erano persone che hanno delle informazioni segrete. Dicevano che Mussolini presto parlerà di nuovo a Piazza Venezia per dire che l'Italia entra in guerra insieme a Hitler.

RESISTENZA
BICICLETTA · CAPANNA · 2 GIUGNO · FUCILE

Il giorno dopo, fa molto freddo. Sono le sei e mezza di mattina. Carla si sveglia e sente dei rumori in cucina. Si alza e prende il fucile.

ANNI SESSANTA
LA CINQUECENTO · TORINO · MOTORE · MECCANICO

Una mattina Vito scende dal tram e vede poco lontano una bella macchina ferma, con un uomo elegante in piedi che guarda il motore.

TERRORISMO
VESPA · MAGISTRATO · DEMOCRAZIA CRISTIANA · EDICOLA

Quella notte ho dormito male, ero nervosa. Dovevo essere davanti alla casa di Bassani alle otto, ma sono arrivata alle sette e mezza.

MAFIA
PALERMO · FALCONE E BORSELLINO · BALCONE · STRAGE DI CAPACI

Un bell'uomo, pensa Adriana: alto, elegante, anche più bello che in televisione. Una volta l'ha anche incontrato sotto il palazzo.

RINASCIMENTO

URBINO

LA PRIMAVERA

MANTEGNA

PENNELLI

IN QUEL MOMENTO ENTRA DA UNA PORTA UNA MODELLA DI BOTTICELLI: È ALTA, BIONDA, HA GLI OCCHI CHIARI. HA UN VESTITO BIANCO ED È BELLISSIMA.

RISORGIMENTO

GIUSEPPE MAZZINI

BANDIERA ITALIANA

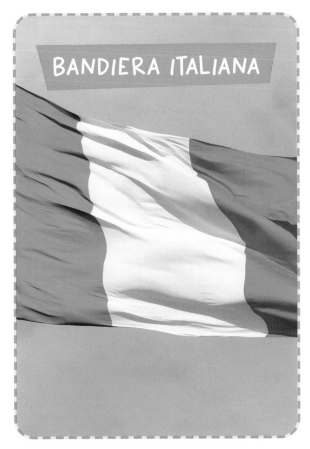

PIAZZA DELLA SCALA

GIUSEPPE GARIBALDI

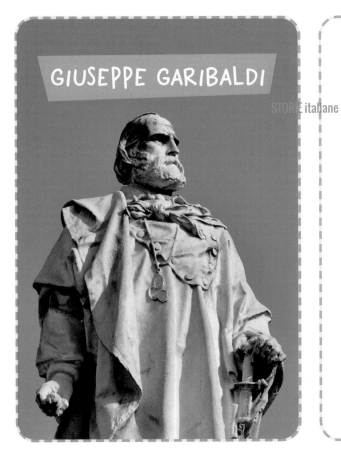

I DUE AMICI ESCONO E VEDONO UNA CARROZZA. TUTTI GRIDANO: "VIVA VERDI!". NELLA CARROZZA C'È GIUSEPPE VERDI, IL GRANDE MUSICISTA.

I° GUERRA MONDIALE

TRINCEA

SOLDATI

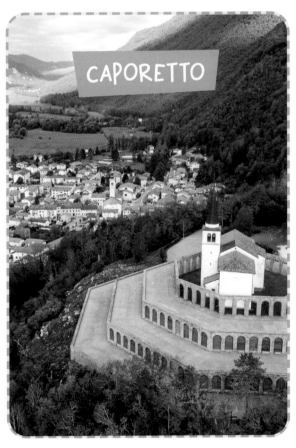

CAPORETTO

AUSTRIA

LE BATTAGLIE

CAPORE...

...LLUNO

VITTORIO VENETO

Tagliamento

GORIZIA

Isonzo

Piave

GRADO

...EVISO

TRI...

...ola

VENEZIA

ISTI...

POLA

DALLE DUE TRINCEE ALLORA ESCONO I SOLDATI ITALIANI E AUSTRIACI: TUTTI SONO SPORCHI, STANCHI, HANNO GLI OCCHI TRISTI E NON DICONO NIENTE.

FASCISMO

PALAZZO VENEZIA

MUSSOLINI

IL COLOSSEO QUADRATO

VITTORIANO

IN PRIGIONE CON ME C'ERANO PERSONE CHE HANNO DELLE INFORMAZIONI SEGRETE. DICEVANO CHE MUSSOLINI PRESTO PARLERÀ DI NUOVO A PIAZZA VENEZIA PER DIRE CHE L'ITALIA ENTRA IN GUERRA INSIEME A HITLER.

RESISTENZA

BICICLETTA

CAPANNA

2 GIUGNO

FUCILE

IL GIORNO DOPO, FA MOLTO FREDDO. SONO LE SEI E MEZZA DI MATTINA. CARLA SI SVEGLIA E SENTE DEI RUMORI IN CUCINA. SI ALZA E PRENDE IL FUCILE.

ANNI SESSANTA

LA CINQUECENTO

TORINO

MOTORE

MECCANICO

UNA MATTINA
VITO SCENDE
DAL TRAM E VEDE
POCO LONTANO
UNA BELLA
MACCHINA FERMA,
CON UN UOMO
ELEGANTE IN PIEDI
CHE GUARDA
IL MOTORE.

TERRORISMO

VESPA

MAGISTRATO

DEMOCRAZIA CRISTIANA

LIBERTAS

DEMOCRAZIA CRISTIANA

EDICOLA

QUELLA NOTTE
HO DORMITO MALE,
ERO NERVOSA.
DOVEVO ESSERE
DAVANTI
ALLA CASA
DI BASSANI
ALLE OTTO, MA
SONO ARRIVATA
ALLE SETTE
E MEZZA.

MAFIA

PALERMO

FALCONE E BORSELLINO

BALCONE

STRAGE DI CAPACI

UN BELL'UOMO,
PENSA ADRIANA:
ALTO, ELEGANTE,
ANCHE PIÙ BELLO
CHE IN TELEVISIONE.
UNA VOLTA
L'HA ANCHE
INCONTRATO
SOTTO
IL PALAZZO.

RINASCIMENTO

1. 1/F, 2/V, 3/V, 4/V, 5/F, 6/V, 7/V, 8/F

2. modella, bionda, vestito, tela, alberi, quadro, capolavoro

3. A/4 (a sinistra), A/2 (a destra), B/1 (a sinistra), B/3 (a destra)

4. Leonardo / Milano / famiglia degli Sforza, Piero della Francesca / Urbino / Federico di Montefeltro, Botticelli e Michelangelo / Firenze / Lorenzo de' Medici, Mantegna / Mantova / Duca Ludovico II Gonzaga

5. 1/c, 2/b, 3/a, 4/d

6. 1/RU, 2/R, 3/U, 4/RU, 5/R, 6/U, 7/RU, 8/U, 9/R, 10/U

7. 1/C, 2/S, 3/C, 4/C, 5/S, 6/C, 7/S, 8/S, 9/S

8. 1/c, 2/f, 3/a, 4/h, 5/g, 6/b, 7/d, 8/e

RISORGIMENTO

1. 1/a, 2/c, 3/c, 4/b, 5/a

2. hanno saputo, era, si trovava, sentono, vogliono, aspettano, vedono

3.

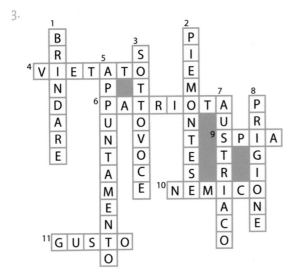

RINASCIMENTO (colonna destra)

4. 1/M, 2/MGC, 3/G, 4/C, 5/M, 6/MGC, 7/G, 8/C

5. a/Cosenza, b/Venezia, c/Milano, d/Palermo, e/Padova, f/Torino

6. a/1, b/10, c/3, d/5, e/4, f/6, g/8, h/7, i/9, j/2

7. 1/d, 2/b, 3/c, 4/a

PRIMA GUERRA MONDIALE

1. 1/V, 2/F, 3/F, 4/V, 5/F, 6/F, 7/V, 8/V, 9/F, 10/V

2. esercito, fiume, guerra, cannoni, generali, trincea, battaglia, tregua, soldati

3. è tornato, hai avuto, ho conosciuto, eravamo, c'è stata, abbiamo parlato, abbiamo bevuto, aveva

4. 1/e, 2/b, 3/c, 4/d, 5/a

5. 1/c, 2/d, 3/f, 4/b, 5/e, 6/a

6. 1/AB, 2/B, 3/B, 4/A, 5/B, 6/A

7. 1/C, 2/S, 3/C, 4/S, 5/C, 6/C, 7/C, 8/S, 9/C

8. Leonardo: a/c, Maximilian: b/e/g/h, Thomas: b, Gustavo: b/d, Marisa: f/i

FASCISMO

1. 1/b, 2/a, 3/b, 4/a, 5/b, 6/a, 7/a, 8/a

2.

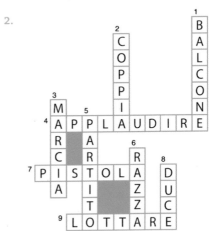

3. 1/B, 2/AB, 3/AB, 4/B, 5/A, 6/B, 7/B, 8/A

4. professore, ebrei, fascisti, gioielli, ufficio, occupato, segretaria

5. 3, 1, 4, 2

6. hanno frequentato, ha invitato, è cambiato, ha iniziato, sapevano, poteva

7. 1/f, 2/d, 3/a, 4/b, 5/e, 6/c

8. a/Vittoriano, b/colosseo quadrato, c/monumenti per i soldati morti nella Prima Guerra Mondiale, d/Latina, e/obelisco, f/balcone centrale di Palazzo Venezia

9. a/2, b/5, c/3, d/1, e/4

10. di, in, a, da, in, tra, negli, sul

RESISTENZA

1. 1/V, 2/F, 3/F, 4/V, 5/V, 6/F, 7/V, 8/F, 9/V, 10/F

2. 1/c, 2/e, 3/a, 4/f, 5/b, 6/d

3. partigiana, montagna, fascisti, staffetta, messaggi, medicine

4. 1/C, 2/S, 3/S, 4/S, 5/C, 6/S, 7/S, 8/S

5. 6, 1, 5, 3, 4, 2

6. 1/G, 2/M, 3/R, 4/G, 5/R, 6/M

7. 1/c, 2/b, 3/d, 4/e, 5/a, 6/f

Testo di Bella ciao *completo:*

Una mattina mi son svegliato
O bella ciao, bella ciao, bella ciao ciao ciao
Una mattina mi son svegliato
Ed ho trovato l'invasor

O partigiano portami via
O bella ciao, bella ciao, bella ciao ciao ciao
O partigiano portami via
Che mi sento di morir

E se io muoio da partigiano
O bella ciao, bella ciao, bella ciao ciao ciao
E se io muoio da partigiano
Tu mi devi seppellir

E seppellire lassù in montagna
O bella ciao, bella ciao, bella ciao ciao ciao
E seppellire lassù in montagna
Sotto l'ombra di un bel fiore

E le genti che passeranno
O bella ciao, bella ciao, bella ciao ciao ciao
E le genti che passeranno
Mi diranno: che bel fiore

È questo il fiore del partigiano
O bella ciao, bella ciao, bella ciao ciao ciao
È questo il fiore del partigiano
Morto per la libertà!

ANNI SESSANTA

1. 1/c, 2/a, 3/b, 4/b, 5/c, 6/a

2. 1/c, 2/e, 3/b, 4/a, 5/d

3. 1/V, 2/F, 3/F, 4/F, 5/V

4.

5. ultimi, difficile, perdono, dolce, brutta, prima

6. 1/c, 2/e, 3/a, 4/d, 5/b

7. a/1936, b/1991, c/2007, d/1957

8. macchina, elegante, motore, parte, appuntamento, conti, indica, problema

9. da, dal, ad, a, nel, per, di, a, dalla

10. 1/A, 2/AB, 3/A, 4/B, 5/B, 6/A, 7/B, 8/B

TERRORISMO

1. 1/b, 2/a, 3/a, 4/b, 5/a, 6/a, 7/b, 8/b

2. 1, 4, 5, 7, 8

3. 1/b, 2/e, 3/f, 4/a, 5/g, 6/c, 7/d

4. doveva, doveva, ho sparato, è morto, ero, avevamo, era, dovevamo, era, erano, ho saputo, era, È passato, sono finiti

5. Rosse, politici, Cristiana, pesce, espressione, semplice, terrorista, popolo

6.

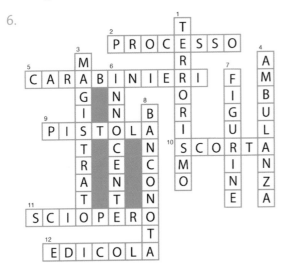

7. 1/C, 2/C, 3/C, 4/C, 5/S, 6/C, 7/S, 8/S

8. 4, 1, 3, 2

9. 1/e, 2/c, 3/f, 4/a, 5/b, 6/d

10. 1/a, 2/b, 3/f, 4/d, 5/h, 6/c. 7/g, 8/e, 9/i

MAFIA

1. 1/V, 2/V, 3/F, 4/V, 5/F, 6/F, 7/V, 8/F, 9/V

2. a è il marito di 1, b è il figlio di 1, c è la figlia di 1, d è la vicina di 1, e è la madre di 2, f è la sorella di 2

3. 1/d, 2/c, 3/a, 4/f, 5/b, 6/e

4. 1/b, 2/b, 3/b

5. palazzo, giudice, ascensore, protezione, scorta, paura

6. a, dalla, a, al, in, in, al, con

7. 1/FB, 2/F, 3/F, 4/B, 5/FB, 6/F, 7/B, 8/FB, 9/F

8. 1/c, 2/e, 3/b, 4/a, 5/d

9. 1/b, 2/f, 3/e, 4/c, 5/d, 6/a

10. 1/d, 2/a, 3/b, 4/c

ALMA Edizioni • Italiano Facile

ALMA Edizioni • Italiano Facile

APPUNTI

ALMA Edizioni • Italiano Facile

Pagina 5: 123rf.com/tostphoto; **pagina 7**: 123rf.com/olegdudko; 123rf.com/puhhha; **pagina 9**: 123rf.com/macrovector; 123rf.com/Arina Zaiachin; 123rf.com/Simona Flamigni; 123rf.com/Ilia Torlin; **pagina 11**: 123rf.com/Philip Bird; **pagina 12**: 123rf.com/Alexander Tolstykh; 123rf.com/vvoennyy; **pagina 15**: 123rf.com/tupungato; **pagina 17**: 123rf.com/Darya Petrenko; **pagina 20**: 123rf.com/Sakhorn Saengtongsamarnsin; **pagina 22**: 123rf.com/Cristiano Fronteddu; 123rf.com/milla74; **pagina 23**: 123rf.com/Francesco Coppola; **pagina 24**: 123rf.com/Mario Bonotto; **pagina 25**: 123rf.com/Davide Guidolin; 123rf.com/Manuel Willequet; **pagina 26**: 123rf.com/adrianflory; 123rf.com/Giuseppe Anello; 123rf.com/uhland38; 123rf.com/Monchai Tudsamalee; **pagina 27**: 123rf.com/Pongsak Tawansaeng; **pagina 28**: 123rf.com/Elizabeth Engle; **pagina 30**: 123rf.com/Anna Koldunova; 123rf.com/Antonio Guillem; **pagina 32**: 123rf.com/Marcin Jucha; **pagina 33**: 123rf.com/Giuseppe Anello; 123rf.com/federicofoto; **pagina 35**: 123rf.com/horseman82; **pagina 36**: 123rf.com/Dean Drobot; 123rf.com/Ion Chiosea; **pagina 37**: 123rf.com/Marko Kujavic; **pagina 38**: 123rf.com/Dmitrii Kiselev; 123rf.com/Inspirestock International - Exclusive Contributor; **pagine 42-43**: Di Sconosciuto - [1], Pubblico dominio on wikimedia commons; **pagina 44**: 123rf.com/darios; 123rf.com/Franco Volpato; 123rf.com/federicofoto; GaetanoRap at https://flickr.com/photos/7645680@N06/8934462171 (creative commons license); 123rf.com/horseman82; 123rf.com/Vladimir Mucibabic; **pagina 46**: 123rf.com/ serpeblu; **pagina 48**: 123rf.com/olovedog; 123rf.com/Olena Bilion; 123rf.com/kornienko; 123rf.com/Andriy Kravchenko; **pagina 50**: 123rf.com/haritonoff; **pagina 51**: 123rf.com/stevanovicigor; **pagina 54**: Di sconosciuto - http://eserver.org/, wikipedia, pubblico dominio; **pagina 55**: 123rf.com/salvo77na; **pagina 57**: 123rf.com/Edoardo Schiari; **pagina 58**: 123rf.com/Edoardo Schiari; 123rf.com/Keith Levit; **pagina 59**: 123rf.com/Milosh Kojadinovich; **pagina 60**: 123rf.com/paylessimages(indica); 123rf.com/Luca Bertolli (c'è una sola foto a pag 60); **pagina 64**: By Gorupdebesanez - Own work, CC BY-SA 3.0, creative commons on wikimedia; **pagina 65**: 123rf.com/ermess; 123rf.com/Steven Cukrov; Di Rudolf Stricker - Opera propria, Attribution, creative commons on wikimedia; 123rf.com/Artem Konovalov; 123rf.com/Deyan Georgiev; **pagina 68**: foto di Paolo Pedrizzetti, diritti scaduti secondo la Legge 22 aprile 1941 n. 633; **pagina 70**: 123rf.com/choneschones; **pagina 72**: 123rf.com/Peter Ksinan; 123rf.com/Sergey Nivens; 123rf.com/Jose Maria Hernandez; **pagina 73**: 123rf.com/Wavebreak Media Ltd, 123rf.com/Alberto Masnovo; **pagina 73**: logo Democrazia Cristiana, creative commons on wikimedia; **pagina 75**: 123rf.com/Wies?aw Jarek; **pagina 78**: 123rf.com/noodles73; 123rf.com/edella; **pagina 80**: foto di dominio pubblico (copyright scaduto secondo la Legge 22 aprile 1941 n. 633 e successive modificazioni); **pagina 81**: 123rf.com/glock33; **pagina 84**: 123rf.com/ing Feng Johansson; 123rf.com/J.R. Bale; pagina 87: Di Berria - https://www.berria.eus/paperekoa/1547/022/001/2010-05-26/mafiaren_atzapar_luzeak.htm, Creative Common license BY-SA 4.0; **pagine 88-89**: foto di Tony Gentile, diritti scaduti secondo la Legge 22 aprile 1941 n. 633, confermato da sentenza n. 75066 R.G.A.C. 2017, posta in decisione all'udienza del 07/03/2019; **pagina 97**: 123rf.com/Andriy Kravchenko; **pagina 105**: 123rf.com/Yongyut Khasawong; **pagina 107**: 123rf.com/Jaroslaw Pawlak; 123rf.com/haritonoff; **pagina 109**: 123rf.com/Marco Saracco; **pagina 111**: 123rf.com/Sergii Mostovyi; 123rf.com/tixti; **pagina 113**: 123rf.com/lachris77; **pagina 115**: 123rf.com/Claudio Giovanni Colombo